人物叢書

新装版

新《につ》田《た》義《よし》貞《さだ》

峰岸純夫

日本歴史学会編集

吉川弘文館

新田義貞木像
（金龍寺蔵，太田市教育委員会提供）

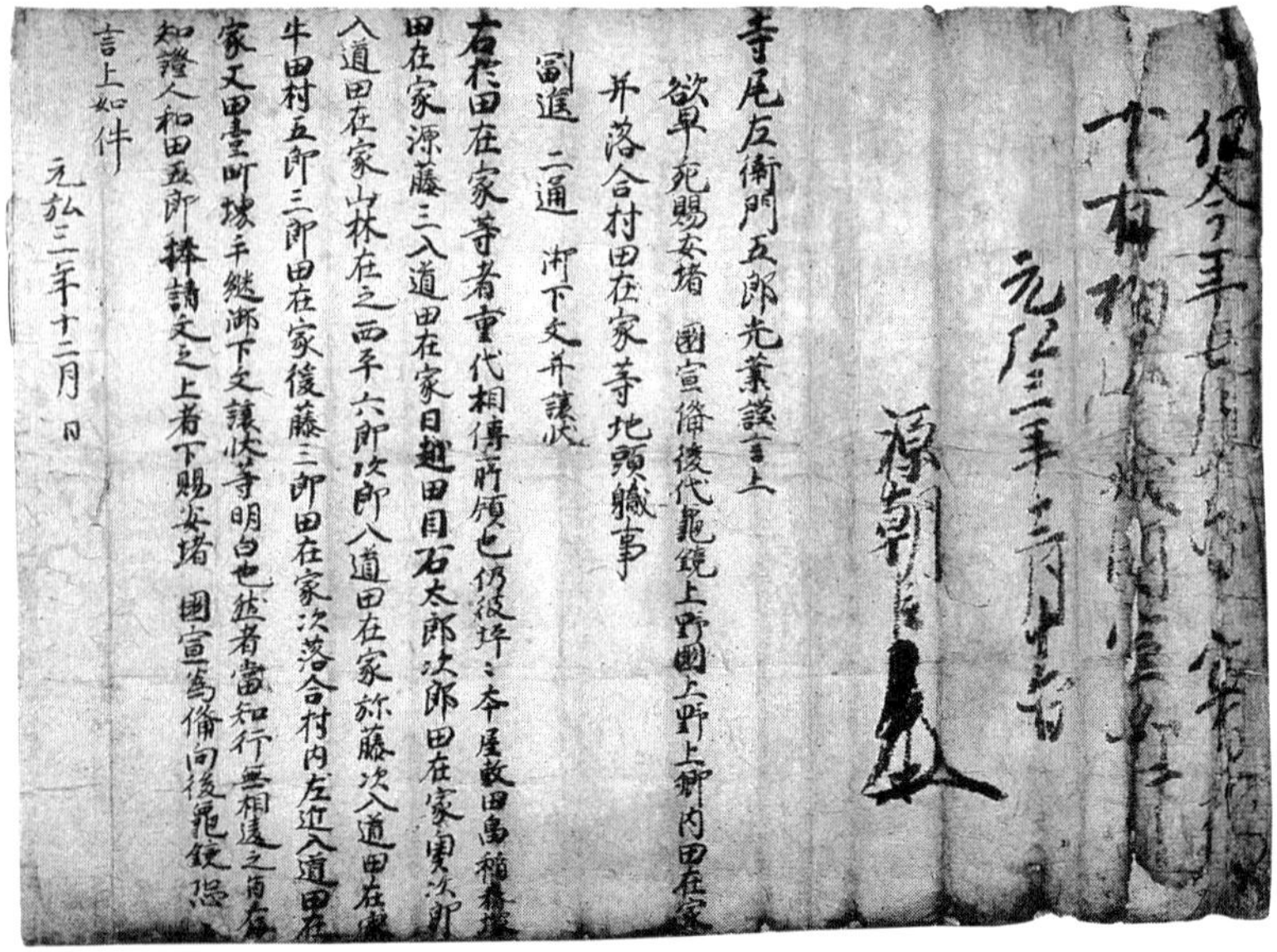

上野大介新田義貞外題国宣（寺尾光業言上状）
（丸山政文氏所蔵，長野県立歴史館提供．本文83～84頁参照）

〔釈　文〕

任二今年七月廿六日　宣旨一、知行不レ可レ有二相違一之状、国宣如レ件、

元弘三年十二月十六日

源朝臣（新田義貞）（花押）

寺尾左衛門五郎光業謹言上

欲下早充二賜安堵　国宣一、備中後代亀鏡上、上野国上野上郷内田在家并落合村田在家等地頭職事

副進　二通　御下文并譲状

右、於二田在家等一者、重代相伝所領也、仍彼坪々、本屋敷田畠、稲荷塚田在家、源藤三入道田在家、日越田目石太郎次郎田在家、奥次郎入道田在家、山林在レ之、西平六郎次郎入道田在家、弥藤次入道田在家、牛田村五郎三郎田在家、後藤三郎田在家、次落合村内左近入道田在家、又田壱町、堺手継御下文・譲状等明白也、然者当知行無二相違一之旨、存知証人和田五郎捧二請文一之上者、下二賜安堵　国宣一、為レ備二向後亀鏡一、恐々言上如レ件、

元弘三年十二月　日

はしがき

長野県人が集まるとなにかにつけて、「信濃《しなの》の国は……」という県民の歌を歌い出す。これに匹敵するものを東隣りの群馬県に求めると、それは上毛《じょうもう》カルタであろう。群馬県出身者をつかまえて「裾野は長し……」というと、間髪を入れず「赤城山《あかぎやま》」と返ってくる。小学生のころから学校や家庭でこのカルタ会が盛んで、ほとんどの県民が暗唱している。「歴史に名高い……」といえば「新田義貞」である。新田義貞についてよく知らない人でも、この人が歴史上の著名な人物であることは理解している。

義貞は、元弘《げんこう》三年（一三三三）の鎌倉攻めに突然登場し、北条高時《ほうじょうたかとき》を権力の頂点とする鎌倉《かまくら》幕府《ばくふ》を攻め滅ぼして後醍醐《ごだいご》天皇を中心とする建武《けんむ》政府の樹立に貢献した。その後、建武政府に反旗をひるがえして北朝の天皇を擁立し、室町《むろまち》幕府を開いた足利尊氏《あしかがたかうじ》方との抗争で各地を転戦し、南北朝内乱初期の暦応《りゃくおう》元年（一三三八）に越前《えちぜん》の藤島《ふじしま》で討死した。歴史の表舞台で活躍したのはわずか六年足らずの間である。しかし、南北朝内乱を叙述した『太平記《たいへいき》』の主人公の一人として多くの頁が費やされ、『平家《へいけ》物語』や『太平記』が鼓吹《こすい》する源平交替思想における、北条氏（平氏）にかわる源氏のチャレンジャーとして、足利尊氏と覇を争って敗れた点が深く人々の記憶に留められた。やがて二六〇年余りが経過して、新田氏の子孫と称する徳川氏が幕府をつくり、その敗者復活の物語へと歴史は導かれていくことになる。

新田義貞は、戦前は後醍醐天皇に忠節を尽した南朝の忠臣として楠木正成《くすのきまさしげ》とともにとりわけ称揚された。もっとも、私が学んだ戦中の小学校では、南朝・北朝という表現はタブーで、歴史教育では南朝は正統の朝廷として吉野《よしの》朝と称されていた。授業中に「後亀山《ごかめやま》天皇はどのような天皇か」という先生の発問に、私は「南朝最後の天皇です」と答えたところ、ひどく叱られた覚えがある。その時は何で叱られたのかわからなかった。戦後しばらくして、かつて南北朝正閏《せいじゅん》論争というものがあり、国が南朝を正当と決定した結果、それまで南朝といわれた後醍醐・後村上《ごむらかみ》・長慶《ちょうけい》・後亀山の四天皇の系統を吉野に都を定めた故に吉野朝と教えることになっていたということを知って、はじめて叱られた意味がわかった。教科書もそのような記述になっていたのを、なまじ古い書物で学んでいた歴史好きの少年が咄嗟《とっさ》に答えてしまったのがいけなかったのである。

私の生まれ育ったところが新田荘の西隣りの渕名荘《ふちな》（伊勢崎市《いせさき》）という関係もあって、新田義貞は郷土の誇りでもあった。少年時代の私の関心も深く、一般向けの太平記物語や新田義貞の伝記などを読みふけった。故郷を離れて流浪する軍団となって、強大な「賊軍」の足利尊氏に戦いを挑む新田義貞の姿は、当時の軍国主義少年にとっては、まさに膨大な軍事力を擁して襲ってくる「鬼畜米英」と戦う悲愴な日本の姿と二重写しになっていた。

戦後民主主義の中で軍国主義少年から脱皮して歴史研究を志すようになった私は、三十代になって再び新田義貞と向き合うことになる。当時、群馬大学の尾崎喜左雄《おざききさお》・勝守《かつもり》すみ両氏の新田氏研究や永原慶二《ながはらけいじ》氏の「中世東国における農奴《のうど》制の形成過程」という理論的考察などによって新田荘研究が盛んになり、ここを基盤とする新田一族の展開が研究され、そのなかに新田義貞も位置づけ直された。すなわち、新田荘という荘園《しょうえん》の展開を日本の封建制の中で捉え、その封建制を推進する武士ないし武士団を被支配者である百姓（農民）や村落との関連で把握し研究していくという方法である。また、鎌倉幕府の滅亡や南北朝の内乱という大変革の実態を明らかにしていくというものでもあった。

一九五〇年代から六〇年代にかけて、卒業論文で赤城南麓の幻の巨大用水遺構「女《おんな》堀《ぼり》」を研究した私は、その延長上に新田荘と新田氏の研究に目標を定め、大学院の修士論文を作成した。当時、多くの人が関心を寄せていた畿内近国の東寺《とうじ》領荘園を研究対象とする案も考えたが、それは貧乏な院生には調査交通費が生み出せないということもあって断念した。その間に神田の井上書店で『新田義貞公根本史料』を買い求めたのをきっかけにして、新田荘と新田氏を研究することに決定した。その間、新田義美・宵子夫妻（故人）の御好意で、上田島（太田市）と鎌倉の屋敷で「正木《まさき》文書」（新田岩松文書）を調査させていただくことができた。以来、新田荘と新田氏研究を中心に中世東国史の研究を主とすることになった。

新田荘と新田氏の研究は、義貞の滅亡で新田嫡流家の文書が消失したため、庶流の世良《せら》田《だ》氏の創建した禅宗寺院長楽寺《ちょうらくじ》の「長楽寺文書」や、おなじく庶流の岩松《いわまつ》氏の「正木文書」などの豊富な文書に恵まれているが、それらを媒介にして嫡流家の歴史をも間接的に探るという文書史料の限界があった。そのことを念頭に置いて研究を進め、求められるままに『新田町誌』『群馬県史』『尾島町誌』『藪塚本町誌《やぶづかほんまちし》』などの新田荘域と関係する自治体史の編纂に従事し執筆をしながら自分なりに研究を深めてきた。その間に地域の住民や関係者の方々から多くの御教示をいただいた。とりわけ、地元の新田町生品《いくしな》中学校に勤務するかたわら地域史研究にたずさわっていた木暮仁一氏に、新田荘地域の湧水池《ゆうすいち》などの多くを案内していただいた体験は忘れられない。本書はそれらの成果に負うところが大きい。

私は赤城山を仰ぎ見て、冬の赤城颪《おろし》（空《から》っ風）に吹かれて育ったという風土の共通性と、南朝方という一本の筋を通した「愚直」ともいえる義貞の生涯に対する親近感から本書の執筆をお引き受けした。また、戦前・戦中の皇国史観の影響のもとに、楠木正成と並ぶ「南朝の忠臣新田義貞」という忠臣・逆賊《ぎゃくぞく》史観の重荷から義貞を解放してやりたいという気持ちも重なっていた。南朝の忠臣であるが、北朝（足利方）から見れば義貞は逆賊であり、特定天皇への忠節の筋書からだけでは歴史のダイナミズムは解けないと思うからである。

なお、文中で多く引用している史料については、適宜読み下しに改めたほか、『太平記』は、岩波古典文学大系本を用い、返り点の部分は読み下しにして使用している。

本書は、本来千々和《ちぢわ》実《みのる》氏が執筆する予定であったが、果たされないまま故人となられたので、御子息の千々和到《いたる》氏の推薦で私の執筆ということになった。千々和実氏には、編著『新田義貞公根本史料』や板碑《いたび》の調査研究などで多大の御指導をいただいた。その学恩に報いたいという気持ちがありながらも、日常の仕事に追われて延び延びになり、このたびようやく実現したものである。

二〇〇五年二月一日

峰岸純夫

目次

口　絵

新田義貞木像

上野大介新田義貞外題国宣（寺尾光業言上状）

挿　図

系図

挿表

第一　火山灰地に立つ

一　上野国新田荘と新田氏

1　新田荘の成立

天仁元年の浅間山大噴火

源義国の足利隠退

義貞の生まれ育った地は上野《こうずけ》国新田荘である。この荘園《しょうえん》は、古代の新田郡の郡域をほぼ引き継いで十二世紀中葉に成立した。天仁《てんにん》元年（一一〇八）に浅間山《あさまやま》が空前の大爆発を起こし、地質学上Bテフラと称される火山灰が浅間山から東方向の軸線を中心にして降り積もり、集落や田畠の荒廃をもたらした。上野中央部の災害激甚地域では多くの水田が埋没して、二度と再開発されることなく畠に転化してしまったところも多かった。しかし火山灰の堆積が比較的少ない上野東部の新田郡の地域では、火山灰に覆われた水田の再開発が比較的早く進行して大小の開発《かいほつ》私領が形成されていった。久安《きゅうあん》六年（一一五〇）に新田氏の祖　源義国《みなもとのよしくに》は右近衛大将《うこのえのたいしょう》藤原実能《ふじわらのさねよし》と京都の路上でトラブルを起こし、この時に恥辱《ちじょく》を受けた従者の仕返しに実能邸を焼き払い、勅勘《ちょっかん》を蒙《こうむ》って下野《しもつけ》国足利《あしかが》の別業《べつぎょう》（別屋敷）に引き籠もった。これ以前の康治《こうじ》元年（一一四二）には、鳥羽《とば》上皇《じょうこう》建立《こんりゅう》の安楽寿院《あんらくじゅいん》領として足利荘が立荘《りっしょう》されており、足利荘を基盤として下野・上野へと地方拠点づくりが始まっていたが、この事件を契機にその動きは加速されていったと考えられる。その後は足利荘は義康《よしやす》、新田郡は義重《よししげ》という二人の子息の分担で、足利氏・新田氏としてその遺産を継承していくことになる。

新田荘の成立と展開

新田郡のなかで比較的火山災害が甚だしいと考えられる西南部の地域では、「空閑《こかん》の郷々」といわれる私領が成立し、世良田《せらだ》・江田《えだ》・大館《おおだち》などの一九郷が新田荘としてすでに形成された。「空閑」とは開発可能な土地のことであり、かつ開発によって耕地化された土地を意味する。全国に「後閑《ごかん》」とか「五箇《ごか》」とかいわれる地名はこれに起源を有する場合が多い。保元《ほうげん》二年（一一五七）には義重がその「空閑」の「地主《じぬし》」であることを根拠に、左衛門督《さえもんのかみ》（後に太政大臣《だいじょうだいじん》）藤原忠雅《ただまさ》家から荘の下司職《げししき》に任じられている（「長楽寺《ちょうらくじ》文書」）。その後、嘉応《かおう》二年（一一七〇）には、新田荘は中央の院権力（鳥羽上皇）や上野国の国衙《こくが》の承認のもとに新田郡域全体に拡大されていった。なお新田荘は後の史料から鳥羽上皇建立の金剛心院《こんごうしんいん》領であることがわかり、金剛心院を本家《ほんけ》、藤原忠雅家を領家《りょうけ》、そして源義重を下司とする重層的な職《しき》の体系の支配組織が作られ、「在家《ざいけ》」という百姓の経営体を単位として年貢《ねんぐ》・公事《くじ》を徴収する体制が形成されていったのである。

義重の所領

義重の上野国における所領は、この新田荘と西上野の八幡《やわた》荘である。八幡荘は現在の安中《あんなか》市板鼻《いたはな》から高崎《たかさき》市西南部に広がり、烏川《からすがわ》の南で碓氷川《うすいがわ》北岸・南岸にまたがる地域である。高崎市八幡町に八幡宮《はちまんぐう》があり、この社に因んで命名されたと考えられる。八幡荘については、史料が乏しく不明な点が多いが新田氏の根本所領と考えられ、治承《じしょう》・寿永《じゅえい》内乱初期に義重は八幡荘の荘域と考えられる寺尾《てらお》城に楯籠もり軍勢を集めている(『吾妻鏡《あずまかがみ》』)。義貞の滅亡後、この荘園は没収されて上野守護《しゅご》上杉《うえすぎ》氏の守護領となった(「上杉家文書」)。

新田一族の支配体制

この二つの上野国の荘園を基盤とした義重は、ここに子息などを配置して一族の支配体制を構築した。新田荘の中央部の由良《ゆら》郷を中心に嫡子の義兼《よしかね》、東北部には経義《つねよし》(額戸《ごうど》氏)、東南部には義俊《よしとし》(里見《さとみ》氏)、西南部には義季《よしすえ》(世良田《せらだ》氏)、南部の岩松《いわまつ》郷を中心に孫娘の子時兼《ときかね》(岩松氏)を配置した。八幡荘は嫡子義兼が継承したと考えられるが、その西方の碓氷郡里見郷に義俊、西南部の山名《やまな》郷に義範《よしのり》(山名氏)を配置している。

岩松氏の役割

なお、岩松時兼は義重の嫡子義兼の娘と足利義純《よしずみ》(後に離婚して畠山《はたけやま》氏を継ぐ)との間にできた子で、新田荘で育てられて義重の所領を継承した。母系は新田氏、父系は足利氏という関係にあった。このような双系《そうけい》関係は、後の義貞蜂起の際の新田・足利両氏を連携させる役割を岩松氏が果たすことに役立った。

2　義貞の先祖たち

治承・寿永内乱と義重

治承《じしょう》四年（一一八〇）八月に源頼朝《よりとも》が伊豆《いず》に挙兵して東国が争乱状態になったとき、義重は平氏政権の下で京都に在留していたが、頼朝を討つとの理由で平氏の許可を得て帰国し、上野国の中央部に位置する八幡荘寺尾城に挙兵して軍兵を集めた（『玉葉《ぎょくよう》』『吾妻鏡』）。その時、源家一族の木曽義仲《きそよしなか》は信濃《しなの》国木曽谷を出て自己の所領である上野国多胡《たご》荘に進出した。下野国足利荘や上野国渕名《ふちな》荘に基盤をもち上野国の国庁を支配下に置いていた足利俊綱《としつな》は、国庁を警備してその周辺の源氏与党を攻撃していた。このように上野国は三巴《みつどもえ》の対立構図になっていたが、義重は平家方の俊綱と源氏の頼朝方・義仲方の対立に対して「自立の志」（独立性）をもって中立的な立場を保った。子息の山名義範、孫の里見義成《よしなり》は早くに頼朝陣営に参陣《さんじん》していたが、義重本人は再三の参陣要請にもかかわらず動こうとはしなかった。

幕府内における地位

やがて足利俊綱が勢力を失い、義仲が信濃に撤退し、北関東の情勢が頼朝の優位にほぼ固まりつつあるなかで、義重は、十二月に重い腰を上げて鎌倉に参陣したが遅延を理由に頼朝から厳しい叱責《しっせき》を浴びた。また、頼朝兄で平治《へいじ》の乱で討死した義平《よしひら》の後家（義重娘）に対して頼朝が妾《しょう》にしようとしたとき、妻政子《まさこ》の怒りを恐れるあまり彼女をかくまい、また頼朝の怒りを買ってしまった（『吾妻鏡』）。それ以後は鎌倉政権の中で義重は重用されることはなかった。幕府の中における位置づけは足利氏に比較して著しく低いものとなってしまった。

義貞の先祖たち

義重に始まる新田嫡流家の系図や史料からの人物データを以下に記しておく。

①義重　母上野介《すけ》藤原敦基《あつもと》娘、大炊助《おおいのすけ》、建仁《けんにん》二年（一二〇二）正月十四日卒、六十八歳、法名上西《ほうみょうじょうさい》

②義兼　母播磨守《はりまのかみ》藤原康英《やすひで》娘、二郎、右兵衛尉《うひょうえのじょう》、大炊助、駿河《するが》守、武蔵《むさし》守、皇嘉門《こうかもん》院蔵人《いんくろうど》

③義房《よしふさ》　蔵人太郎、承明門院《しょうめいもんいん》蔵人、左衛門尉《さえもんのじょう》、若狭《わかさ》守

④政義《まさよし》　小太郎、左馬助《さまのすけ》、但馬《たじま》守、四条判官代《しじょうほうがんだい》、円福寺《えんぷくじ》殿　仁治《にんじ》二年（一二四一）に預け置かれた囚人が逐電《ちくでん》したので過怠《かたい》料の処分を受け、寛元《かんげん》二年（一二四四）京都大《おお》

系図1　新田氏嫡流系図（----は推定）

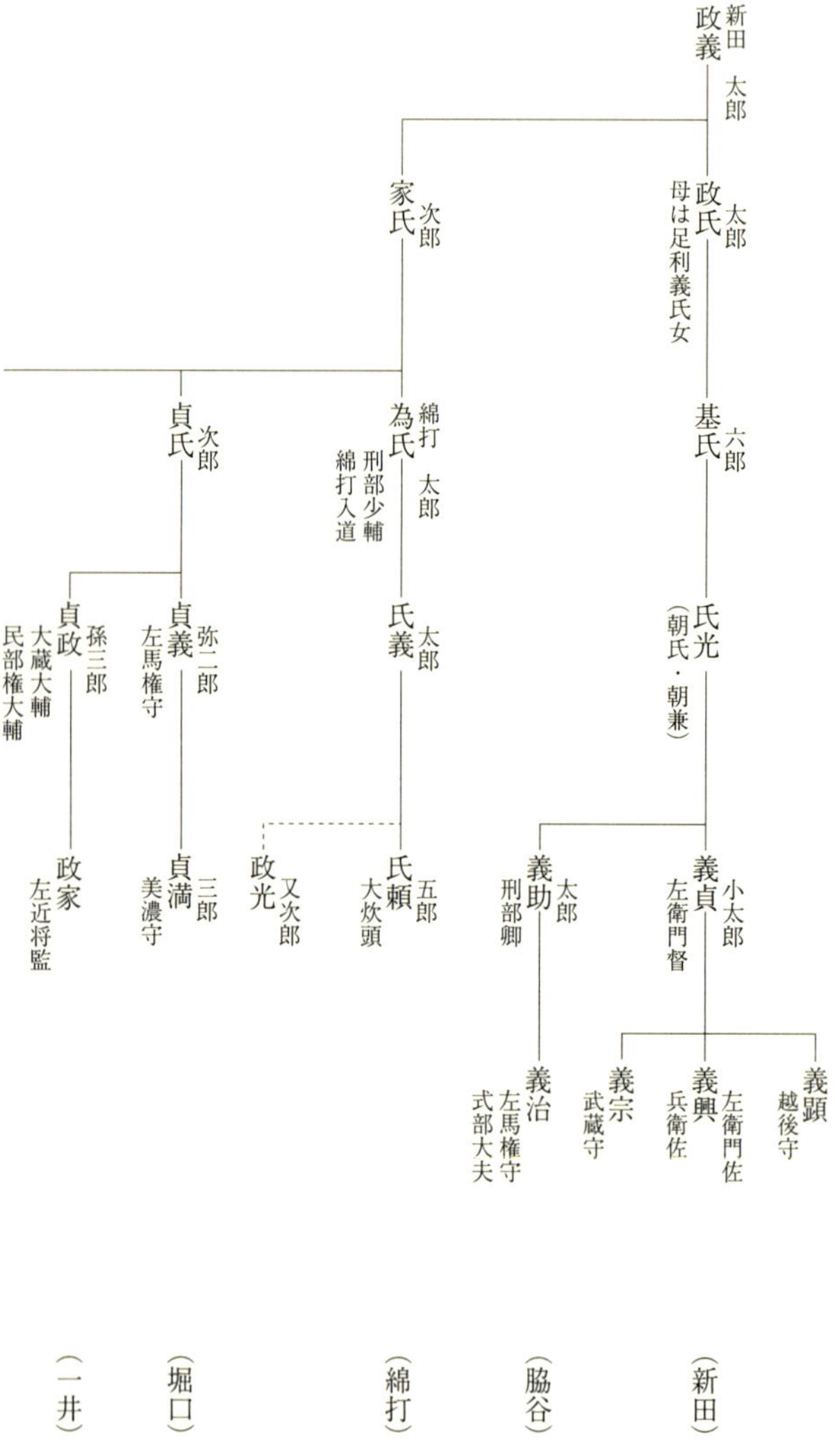

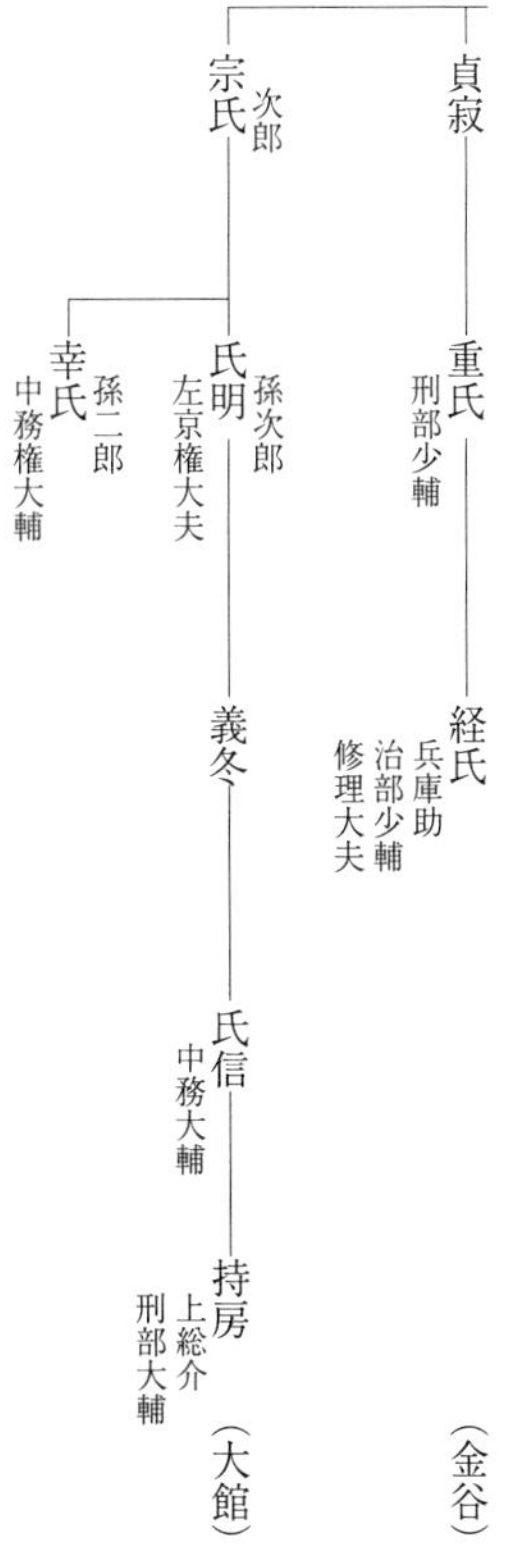

番役《ばんやく》で上京中に無許可出家《しゅっけ》の罪で所領一部没収の処分を受けた。

⑤政氏《まさうじ》　又太郎、左衛門尉、三河前司《みかわぜんじ》、政氏娘は足利家時《いえとき》室

⑥基氏《もとうじ》　六郎、母北条左近大夫《ほうじょうさこんのだいぶ》平秀時《たいらのひでとき》娘　宝治合戦《ほうじかっせん》の時に北条氏に属し三浦泰村《みうらやすむら》・光村《みつむら》を討ち甘楽《かんら》郡内の所領を与えられる。「沙弥道義《しゃみどうぎ》　七十二逝去　元亨《げんこう》四年甲子《きのえね》六月十一日巳刻《みのこく》」（「円福寺五輪塔《ごりんとう》等銘文」）とあり、元亨四年（一三二四）卒。法光寺《ほうこうじ》殿

⑦氏光《うじみつ》　次郎太郎ないし六郎太郎、初名朝氏《ともうじ》、朝兼《ともかね》とも記される。法名源光《げんこう》

⑧義貞　小太郎、播磨守、左兵衛督《さひょうえのかみ》、右衛門佐《すけ》、治部大輔《じぶたいふ》、左中将《さちゅうじょう》、越後《えちご》守、暦《りゃく》

応《おう》元年（一二三八）卒、三十九歳、法名覚阿弥《かくあみ》、安養寺《あんようじ》殿

義重

①義重は、建仁二年に六十八歳で没した。その時、北条政子は子息で将軍の頼家《よりいえ》に対し「源氏《げんじ》の遺老《いろう》、武家《ぶけ》の要須《ようす》」である義重の逝去を理由に蹴鞠《けまり》の遊興を停止させている（『吾妻鏡』）。幕府および政子にとって義重が重要人物であるとの認識をここに見ることが出来るが、義重は鎌倉幕府成立以後はほとんど隠退状態であった。

義兼

②義兼は、父に代わって初期の鎌倉幕府に勤仕《ごんし》して将軍頼朝の随兵《ずいひょう》・供奉人《ぐぶにん》として活躍している（『吾妻鏡』）。元久《げんきゅう》二年（一二〇五）には、父の所領を引き継ぎ村田《むらた》郷など新田荘十二ヵ郷の地頭《じとう》職に補任《ぶにん》されている（「正木《まさき》文書」）。「赤城神社年代記《あかぎじんじゃねんだいき》」（真隅田《ますだ》家本）の承元《しょうげん》元年（一二〇七）の記事に、次のようにある。

今年春三月、新田殿御剣《ごけん》・神馬奉納《しんめほうのう》、御使同時内神ニ奉入、御子孫繁栄之為也。

この新田殿は義兼であろう。この赤城神社は、赤城山の南の中腹の三夜沢《みよざわ》（前橋市）に鎮座し、新田荘はその東南麓にある故に農業神として崇敬されていたと考えられる。

建保《けんぽ》三年（一二一五）三月に新田荘内岩松・下今井・田中の三郷が、「早く夫義兼譲状《ゆずりじょう》に任せ、後家《ごけ》を以て地頭職に任ぜしむべし」という将軍家政所下文《まんどころくだしぶみ》が発給されているので（「正木文書」）、義兼の没したのはそれ以前であることがわかる。

義房

③義房については、系図類以外に活動歴を見いだせない。この間、承久《じょうきゅう》三年（一二二一）の承久の乱においては、新田嫡流家の参陣は見られず庶家《しょけ》の世良田氏が代官として活躍している（『吾妻鏡』）。

政義

④政義は、嘉禎《かてい》三年（一二三七）以降に幕府への勤仕が始まる（『吾妻鏡』）。また「赤城神社年代記」（真隅田家本）の記事に次のようにある。

嘉禎二年　春二月、新田殿御子達両人御参詣、
同　三年　今年二月、新田殿御参詣、御逗留、

この新田殿は政義であろう。子息両人は政氏と家氏《いえうじ》（大館氏）であろう。後者は代替わりの社参《しゃさん》であろうか。また社内に参籠《さんろう》している。

政義の出家

仁治二年四月二十一日、政義は預け置かれた囚人が逐電し過怠料に処せられている。当時は武士などの罪科人《ざいかにん》は御家人《ごけにん》に預け置かれその監視下で過ごす習慣があった。さらに、寛元二年六月十七日京都大番役で上京中に、無許可で出家して所領一所の没収の罪科に処せられるという悲運に遭遇した。政義は、京都での自己の責務を放置してにわかに入寺して出家を遂げてしまう。この時、上野国の御家人を率いて在京していた守護の安達泰盛《あだちやすもり》や六波羅探題《ろくはらたんだい》にも知らせない突然のことだったので、その報告を受けた幕府は

新田氏累代の墓所（円福寺）

この処置に踏み切った。政義は即座に御家人身分を剥奪《はくだつ》され僧形《そうぎょう》のまま新田荘に帰り隠退させられた。

政義は、本拠地の新田荘由良郷別所《べっしょ》（太田市）の館に隣接して氏寺として円福寺を創建し、そこで宗教者としての晩年を平穏に過ごしたと考えられる。この寺は新田家累代《るいだい》の墓所となり、政義は円福寺殿と称された。政義が没収された所領がどこであったのかは不明である。

新田惣領職と世良田頼氏

この事件をきっかけにして、新田義重跡の新田惣領職は嫡流家から没収されて庶家の世良田頼氏《よりうじ》が幕府に勤仕することとなった。頼氏は、この事件の直後から将軍の供奉人や近習《きんじゅう》・御《ご》格子番《こうしばん》・廂番《ひさしばん》などの役を二八年の長きにわたって務めている。しかし、この頼氏は文《ぶん》永《えい》九年（一二七二）に失脚する。この年二月、蒙古《もうこ》襲来を前にした危機状態の中での執権《しっけん》北条氏内部の権力争いで、執権北条時宗《ときむね》に対する謀反《むほん》の嫌疑により鎌倉で名越時顕《なごえときあき》・教時《のりとき》兄弟が殺害され、ついで六波羅南方《みなみかた》の北条時輔《ときすけ》（時宗兄）が滅ぼされた事件に連座したため、頼氏は佐渡《さど》に流罪《るざい》となったのである（佐藤進一『日本の中世国家』）。

頼氏の没年

「長楽寺源氏系図」に次のようにある。

頼氏　三河守、世良田地頭、文永九年勘気《かんき》を蒙り佐渡に流罪しおわんぬ、康元《こうげん》二年二月十日　法名良隠禅定門《りょういんぜんじょうもん》

この年月日は没年であり、康元二年（一二五七）は明らかな誤りであり、乾元《けんげん》二年（一三〇三）か嘉元《かげん》二年（一三〇四）の誤記とも考えられる。しかし、元亨二年（一三二二）十一月二十日に頼氏妻浄院が「亡夫参河《みかわ》前司入道（頼氏）忌日《きじつ》湯水」のために南女塚《みなみおなづか》内の田・在家を、下って元徳《げんとく》二年（一三三〇）四月二十一日世良田満義（子息か）は小角《こすみ》郷内の畠をそれぞれ参州妙《みょう》応《おう》（頼氏）の菩提《ぼだい》を弔うために寄進《きしん》している（「長楽寺文書」）。このことから没年は元亨二年と考えられ、「康元」は「元亨」の逆さ読みの誤記と推定される。頼氏は十四世紀の初頭まで生存していたことになるが、没したのは流刑地《るけいち》の佐渡ではなく、許されて世良田に帰ってからのことであろう。

嫡流家惣領職復活

この頼氏が幕府に勤仕していた三〇年近くの間は、嫡流家にとっては不遇の時代であ

った。しかし、頼氏の失脚によって、新田氏の惣領職は嫡流家に復活することとなった。

政氏

⑤政氏はこの間に当主となっていたが、系図以外に活動歴は見られない。しかし、世良田普門寺の八幡大菩薩立像の銘文に、「右志者、源政氏当自義家第八代孫、八幡大菩薩奉二造立一、仍寿福増長、息災延命、恒受快楽也、正元元年己未十月六日」と記され、普門寺との関係が深いことが察せられる（小此木輝之『中世寺院と関東武士』、『新田荘尾島町の仏像』）。

基氏

⑥基氏は、新田嫡流家の中興の祖というべき人物である。基氏の母は左近大夫平秀時娘といわれ、秀時は官途《かんと》から北条長時《ながとき》（赤橋《あかはし》家）の一門と考えられる。母の縁で執権北条氏との関係を強め、宝治合戦で活躍して滅亡した三浦氏方の没収所領と考えられる甘羅郡内の所領（丹生《にふ》郷か）を与えられたという（「鑁阿寺《ばんなじ》新田・足利両家系図」）。その関係で、後に甘羅郡惣地頭《そうじとう》と考えられる安東《あんどう》左衛門尉五郎重保《しげやす》娘を義貞の妻に迎えることとなる。しかし、三浦泰村が滅亡した宝治合戦は宝治元年（一二四七）のことで、この時基氏はまだ生まれていない。この記事は、先代の政氏の事績が錯簡《さつかん》で混入したのかも知れない。「赤城神社年代記」（真隅田家本）の建長《けんちょう》元年（一二四九）の記事に、「御宮上葺《うわふき》、七月一日、新田殿御参詣、御逗留」とあり、基氏の赤城神社参詣が確認される。基氏は七十二歳の長

命で元亨四年に没し、菩提寺は法光寺であるが、先祖以来の氏寺の円福寺（太田《おおた》市別所）墓地の五輪塔群の中に前記の銘文を刻んだ墓石を遺している。

氏光

⑦氏光は初名が朝氏で、「長楽寺源氏系図」は朝兼とも記す、法名源光。正和《しょうわ》三年（一三一四）と翌四年に二回にわたり八木沼《やぎぬま》郷内の在家・畠を長楽寺再建のために由良景長《かげなが》妻紀《き》氏に売却している（「長楽寺文書」）。

義貞

⑧義貞は、暦応元年に討死したとき三十七歳とも三十八、三十九歳ともいわれているから、生年は永仁《えいにん》六〜正安《しょうあん》二年（一二九八〜一三〇〇）である。なお、本書の略年譜では、弟義助の年齢との関連で、没年を三十九歳として取り扱っている。それ故、祖父基氏が没した元亨四年にはすでに元服して新田家の当主として活動しており、文保《ぶんぽう》二年（一三一八）には、新田荘内八木沼郷の田畠を売却する証文に「源義貞」と署判している（「長楽寺文書」）。元《げん》弘《こう》元年（一三三一）には「今年新田殿御神馬御奉納」とあり、義貞は赤城神社に神馬を奉納していることが知られる（「赤城神社年代記」〈真隅田家本〉）。

二　得宗専制下の新田一族と長楽寺の再建

得宗専制下の上野国

蒙古襲来以後、十三世紀末〜十四世紀初頭の鎌倉幕府の権力構造の特色は、得宗《とくそう》専制といわれ、北条氏の家督を保持する得宗（本来は北条義時《よしとき》の号）である北条貞時《さだとき》・高時《たかとき》が権力を掌握していた。得宗専制下の上野国では、守護安達泰盛が弘安《こうあん》八年（一二八五）の霜月《しもつき》騒動で滅亡以後、守護を得宗が兼帯して守護代として得宗被官《ひかん》の長崎氏が支配権力を行使していた。新田荘の西隣りの渕名荘はこの得宗領として東上野支配の中核的基盤となっていた。

得宗権力と新田氏

このようななかで、新田氏も得宗権力と関係を持たざるを得なかった。筧雅博《かけひまさひろ》氏が指摘するように、義貞が得宗被官の安東左衛門入道聖秀《せいしゅう》の姪《めい》を妻に迎えていることは、以下に述べる長楽寺再建への助成との関連も含めて注目する必要があろう（『蒙古襲来と徳政令』）。

長楽寺再建と大谷道海

世良田長楽寺は「正和年中」の正和元年（一三一二）か翌二年に火災によりすべて灰燼《かいじん》に帰し、大谷道海《おおやどうかい》とその近親者（姉妹か娘か）で岩松政経《まさつね》妻である妙阿《みょうあ》という人物が発願《ほつがん》して道海の二人の娘、小此木《おこのぎ》彦次郎盛光《ひこじろうもりみつ》妻紀氏と由良孫三郎景長妻紀氏とともに正和二年から所領を寄進してその再建に着手した。そして一〇年の歳月を費やして元徳四年（元弘二・一三三二）には再建を果たしている。

再建事業と所領集積

この間に長楽寺再建の事業のために集積した所領は別表（二三〜二四頁）のように二三点を数え、これらの所領は、岩松政経妻の妙阿を筆頭に、小此木・由良両氏に嫁いだ二人の娘などの道海の近親者、ならびに道海本人の手を経て長楽寺へ集積されたものである。売却・寄進などで放出をした人物は、義貞をはじめ新田一族（岩松氏や世良田氏を含む）や近隣の上野国御家人（高山《たかやま》氏・那波《なは》氏・佐貫《さぬき》氏）、さらには武蔵国の平時雄、幕府の文官三善《みよし》貞広《さだひろ》も名を連ねている。佐貫氏の所領については、武蔵国の丹党《たんとう》の加治《かじ》三郎左衛門入道教意《きょうい》という人物の娘仙心《せんしん》が寄進者となり、佐貫・梅原《うめばら》氏ら佐貫一族の所領を収積している。この仙心はおそらく新田荘の東に位置する佐貫荘の佐貫一族の妻となった女性であろう。なお紀氏の女性が、佐貫氏に嫁いでおり（『尊卑分脈』「紀氏系図」）、紀氏との関係も推定される。

発願の理由

道海の発願は「妙阿聖霊《しょうりょう》」の菩提のためといい、娘の小此木彦三郎妻紀氏も子がなく病床にあるという状況での信心《しんじん》をこめている。嘉暦《かりゃく》三年（一三二八）十月十八日、長楽寺住持

道海の功労への褒賞

恵宗《けいそう》は道海の功労に対して、寺領内の屋敷を与え、翌年四月十三日には、八木沼郷内の在家三宇を与え、八木沼・堀口・田嶋などの寄進地の政所職に任じている。八木沼郷内の在家については、道海没後は孫の四郎吉宗《しろうよしむね》の知行分を認めている（以上「長楽寺文書」）。

再建の経過

この長楽寺再建事業の経過は、田中大喜氏の研究に詳しく、新田氏・岩松氏などの所領売却を得宗専制下の御家人の窮乏ととらえ、これを討幕蜂起に結びつける見解を批判している（「『得宗専制』と東国御家人―新田義貞挙兵前史―」）。

この道海については、大谷（大屋とも記す）四郎入道道海という名乗りと、娘が小此木氏・由良氏という鎌倉御家人ないしは新田氏家臣と考えられる人物に嫁ぎ、彼女たちは紀氏を称していることから、道海も紀氏（その後継者は孫四郎吉宗）で、新田一族の支持を得て長楽寺の再建を果たした、という情報以外に謎に包まれている。

道海についての研究史三浦時継説

この道海については、およそ三つの見解がある。

①三浦時継《ときつぐ》説　千々和実氏は「三浦系図」に「時継　法名道海、中先代《なかせんだい》（北条時行《ときゆき》）に与力《よりき》し尾州《びしゅう》熱田《あつた》に虜《とらえ》られ六条河原において誅《ちゅう》せらる、三浦介、従五位下《じゅごいのげ》」とあり、「葦《あし》名《な》古文書」（「宇都宮《うつのみや》氏家蔵文書」）建武元年（一三三四）四月十日足利直義下知状《ただよしげちじょう》に「三浦介時継法師法名道海、武蔵国大谷郷下野右近大夫将監《うこんのだいぶしょうげん》跡、相模《さがみ》国河内《かわち》郷渋谷遠江権守《しぶやとおとうみごんのかみ》跡地頭職」を

勲功の賞として与えられたとある点で、平氏ではあるが三浦時継の可能性があると記している（『新田義貞公根本史料』の註）。

この説を発展させて、豊田武氏は、同じ「宇都宮氏家蔵文書」に時継子息の三浦介高《たか》継《つぐ》への建武二年九月二十七日足利尊氏御教書《みぎょうしょ》に、相模・上総・摂津《せっつ》・豊後《ぶんご》・信濃などの所領を記した最後に「陸奥《むつ》国糠部五戸《ぬかのぶごのへ》、会津河沼《あいづかわぬま》郡議（蟻カ）塚并上野新田父介道海跡」とある史料に着目し、末尾の「上野新田」を上野国新田荘の道海跡と理解して道海は三浦時継であると主張している（「元弘倒幕の諸勢力について」）。この説は前記の武蔵国大谷郷が三浦時継（道海）の所領で大谷道海を説明するには都合がよいが、建武元年の文書は幕府討滅の際の勲功による新恩宛行《しんおんあてがい》であり鎌倉期に遡らず、建武二年の文書の「上野新田」はすべて陸奥国にかかり、会津河沼郡の上野《うえの》（熱塩加納村）・新田《にいた》（塩川《しおかわ》町新井田）という村のことなのである。それ故、三浦時継と長楽寺再建の大谷道海は同号異人と考えざるを得ないのである（小谷俊彦「長楽寺の再建と大谷道海」『新田荘と新田氏』所収、峰岸純夫「豊田武著作集第七巻解説」、鈴木かほる「三浦介入道時継は大谷四郎入道海なのか」）。

世良田宿有徳人説

②世良田宿有徳人説　小谷俊彦氏は前掲稿のなかで、義貞蜂起の前提に「新田庄世良田ニハ有徳《うとく》ノ者多シトテ、出雲介親連《いずものすけちかつら》・黒沼彦四郎《くろぬまひこしろう》入道ヲ使《つかい》ニテ六万貫ヲ五日カ中ニ沙《さ》

汰《た》スベシト堅《かた》ク下知《げち》」（『太平記』）という記事を援用して、水陸交通に恵まれ四日市場《よっかいちば》などが存在する世良田長楽寺の門前町（宿）の富裕な「有徳人」（商工業者）として大谷道海を位置づけている。凡下《ぼんげ》（庶民）である故に、新田氏など御家人からの所領の買収が幕府の規制で困難だったので、御家人に嫁いだ二人の娘を媒介にしたと主張している。

得宗被官関係者説

③得宗被官関係者説　山本隆志氏は世良田宿の景観復元を丹念に行うとともに、鎌倉末期における上野国地域での法曹《ほうそう》官僚系の得宗被官の進出を考察し、長楽寺に所領寄進した大谷道海とその娘の所領寄進について検討を加えている。そして娘の仙心が長楽寺に所領寄進した父の加治三郎左衛門入道（教意）は得宗被官と考えられ、道海は渕名荘政所の黒沼太郎の長楽寺内の屋敷を引き継いだ可能性があることなどから、道海を得宗被官関係者と想定している（「鎌倉後期における地方門前宿市の発展」）。

御家人紀氏説

④御家人紀氏説　峰岸は鎌倉中期に渕名荘地頭であった中原季時《なかはらすえとき》の郎従《ろうじゅう》であった尾《お》張《わり》国中嶋《なかじま》郡の大屋《おおや》氏（『吾妻鏡』）や美濃《みの》国池田《いけだ》郡司紀氏（『尊卑分脈《そんぴぶんみゃく》』「紀氏系図」）などについて検討を加え、後者の系図の中に「諫草《いさめぐさ》」を記した中原政連《まさつら》（平政連は誤り）の子で池田泰氏《やすうじ》の養子となった出雲介親連を発見した。親連は得宗被官として黒沼とともに新田荘に有徳銭徴収に派遣された人物である。しかし、それらの系譜中に道海を特定すること

は出来なかった（『新田荘と新田氏』）。

大谷道海の人的ネットワーク

以上の諸研究をふまえて、大谷道海の長楽寺再建問題を軸にして、義貞が蜂起する元弘の乱直前の新田荘とその周辺の人的ネットワークについて考えてみようと思う。

名字の地、大谷は武蔵足立郡か

まず道海の出自と名字の地の大谷についてである。大谷の地名は上野・下野・武蔵などに分布するが、これは武蔵国足立《あだち》郡大谷郷の可能性が高い。この郷は大宮《おおみや》台地から鴨《かも》川《がわ》低地へとわたり、上尾《あげお》市大谷本郷《ほんごう》・今泉《いまいずみ》を中心にさいたま市・桶川《おけがわ》市の一部に広がる広大な郷であったと考えられる（『埼玉県の地名』）。鎌倉幕府崩壊後に足利尊氏に与えられた所領に「同国足立郡　泰家《やすいえ》跡」とあり（「比志島《ひしじま》文書」）、足立郡は北条高時《たかとき》の兄弟泰家の没収所領であることがわかる。また建武元年にはその一部の「武蔵国大谷郷　下野右近大夫将監跡」が勲功の賞として尊氏から三浦時継に与えられている（「宇都宮氏家蔵文書」）。この下野右近大夫将監は、「下野」を確認し得ないが北条泰家（法名慧《え》性《しょう》）が右近大夫将監とされており（『系図《けいず》纂要《さんよう》』）、前記の史料と合わせるとその可能性が強い。いずれにしても北条氏一門の人物であろう。

道海の出自

大谷道海は北条氏の家臣（得宗被官）としてこの大谷郷の代官を務めていた故に「大谷」を名乗りにしていたのではないだろうか。この道海の出自については先に不十分な

道海と重源

がら指摘した美濃国池田郡司一族の紀氏（池田氏）の中の人物に想定したい。この一族は「泰」や「宗」を通字とし、法名に「道」をつける者が多い。なお、紀氏の一族からは、東大寺《とうだいじ》を再建した俊乗坊重源《しゅんじょうぼうちょうげん》（俗名紀刑部左衛門尉重定《きのぎょうぶさえもんのじょうしげさだ》）がいる。道海は重源の足跡を逐って長楽寺再建に没頭することになったのではなかろうか。

妙阿の所領寄進

長楽寺再建に関連して、長楽寺に寄進された所領についての証文に、「妙阿養祖父頼《より》有《あり》（世良田・得川）」（「長楽寺文書」）、「妙阿夫新田遠江太郎次郎覚義《かくぎ》（岩松政経）」（「岡部福蔵氏旧蔵文書」）と妙阿という女性が登場する。この妙阿については、大谷道海が元亨三年（一三二三）十一月九日に「妙阿聖霊」の菩提を弔うために長楽寺輪蔵《りんぞう》に所領寄進を行っている（「長楽寺文書」）。なお、久保田順一氏は、この覚義を岩松一族の村田氏に比定している（「長楽寺建立・再建と新田一族」）。

以上のことから、この妙阿は大谷道海の近親者、姉妹あるいは娘と推定され、岩松政経に嫁いで道海に先立って逝去し、生前は道海と二人の娘、小此木氏妻と由良氏妻とともに長楽寺再建に尽力した人物である。また、妙阿の夫岩松政経は、母が世良田（得川）頼有の娘であったところから幼名亀王丸《かめおうまる》の時代に頼有と養子縁組を行い、岩松氏嫡流家の系譜（遠江守）とともに世良田流の系譜（下野守）と所領を合わせて引き継いでいるのである（「正木文書」）。それ故に長楽寺を氏寺としていたのである。

道海と妙阿

このように、道海は姉妹ないし娘と想定される妙阿を媒介として、岩松氏さらには長楽寺と結びついており、その点に長楽寺再建への情熱の背景があったと考えられるのである。道海・妙阿と岩松氏の関係系譜を系図2に示す。

系図2　道海・妙阿関係系図

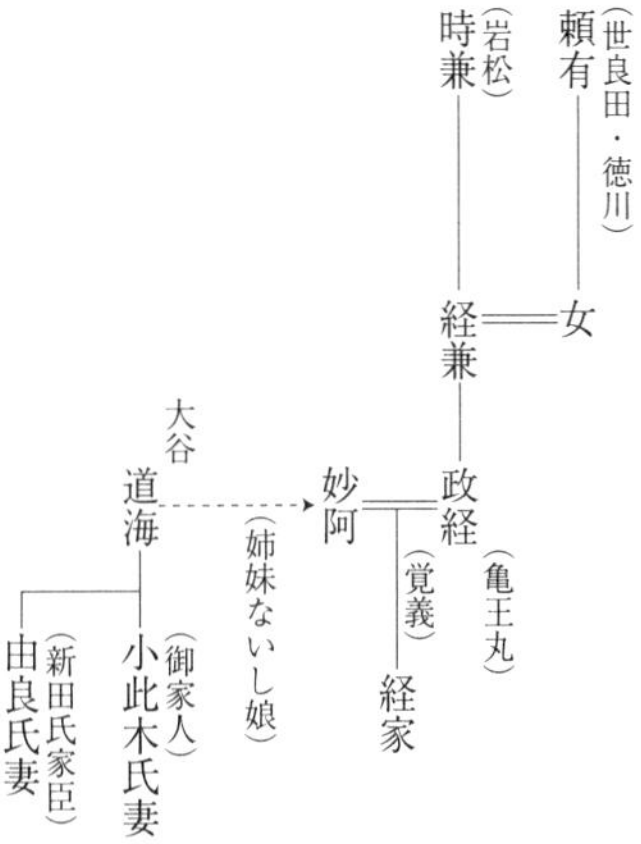

道海の再建事業

鎌倉末期には、道海は既に隠退して自由の身となり新田荘近辺に居住していた。あえて想像すれば妙阿の婚家の岩松氏関連所領であろう。彼の最後の仕事は火災で焼失した長楽寺の再建であった。渕名荘代官と想定される同族の紀出雲介親連や妙阿の嫁ぎ先の岩松氏、さらに二人の娘の嫁ぎ先である御家人小此木氏や義貞重臣の由良氏（『太平記』）、近隣の有力御家人那波氏、そして新田義貞など新田一族との人的ネットワークを有効に活用してこの大事業に取り組んだのである。

黒沼と親連の処分

なお、渕名荘から有徳銭徴収に入部した出雲介親連と黒沼彦四郎入道については、黒沼は逮捕後世良田で処刑されたが、親連は助命され長浜六郎左衛門尉に預けられたという。その理由は、「出雲介は船田入道一族」ということで義貞執事の船田義昌の助命要請があったという（「鑁阿寺新田・足利両家系図」）。

紀氏一族のつながり

このことから親連と義昌は同じ紀氏一族ということになる。義昌は正和四年二月二十二日の八木沼郷内在家・畠の売券に主君の新田朝兼《ともかね》（義貞父、法名源光《げんこう》）に添えて「使者船田孫六入道妙質《みょうしつ》」と署判している（「長楽寺文書」）。さらに、義貞に次いで世良田で第二次の蜂起を行った足利尊氏子息千寿王丸（後の義詮）を擁立していたのは紀五左衛門尉で、この人物は紀左衛門尉政綱《まさつな》といい紀氏の中の「紀五家」（「紀吾」とも記す）に属するものである（佐藤博信「上杉氏家臣に関する考察―特に紀五氏の場合―」）。なお、大谷道海とその孫の吉宗が四郎を名乗り、この「四郎」が家の通字であるとすれば、道海は「紀四家」の可能性があり、今後の検討課題としたい。

鎌倉末期新田荘の四人の紀氏

このような点で、長楽寺再建における道海と義貞をつなぐものとして紀氏の人的ネットワークも重要であったと思われる。鎌倉時代の最末期に新田荘およびその周辺には、紀氏を名乗る人物に長楽寺再建の功労者大谷道海、新田義貞家臣船田義昌、世良田有徳戦徴発に入部した紀出雲介親連、それに世良田で千寿王丸を擁して第二次倒幕蜂起をした紀五左衛門尉政綱と四人の紀氏がおり、それぞれ何らかの族的ネットワークを有していたと考えられる。

所領寄進の形式

長楽寺の直接の旦那《だんな》である世良田満義からは売却証文と寄進状を同時に作成する「売《うり》寄進《きしん》」で、その他からは二人の娘の名義による寄進ないし売却という形で所領を集積して建設財源に宛てた（表1）。このような形式の相違は、幕府の御家人所領の売却・寄進の制約からのがれるための措置と考えられる。所領を寄せる人々は一様に長楽寺再建を希求してのことである。

新田一族の結集と再建事業

長楽寺は新田一族、とりわけ世良田氏の氏寺であり新田荘の惣領職《そうりょうしき》を保持する義貞にとってもこの再建に積極的に取り組むことは一族を結集する好機であったと考えられる。この間の元亨二年十月十七日には、嫡流家の大館宗氏《むねうじ》（上流）が庶家の岩松政経（下流）から「一井《いちのい》郷沼水」（市野井湧水）の用水堀を打ち塞いだとのことで訴えられ、この用水相論が幕府に持ち込まれて裁許状《さいきょじょう》が出されており（「正木文書」）、とかく新田荘内部もぎくしゃくしていた。義貞は惣領主として大谷道海を積極的に支えて、結果的には全体を倒幕蜂起に結集することに成功したのだが、その時点では全くそのような目的意識

表1　長楽寺再建事業のなかの土地集積（長楽寺文書）

	年	所領				売却者	買得寄進者
		郷村名	在家	田	畠		
1	正和二年（一三一三）	下江田村赤堀	一宇	三町四反小		妙阿	紀（由）
2	正和三年（一三一四）	八木沼郷	三宇		五町六反	新田朝兼	紀（由）
3	正和四年（一三一五）	八木沼郷	二宇		三町八反	新田朝兼	紀（由）
4	文保元年（一三一七）	佐貫荘上中森郷	二宇	二反	二町九反大	佐貫氏秀・願阿	仙心
5	文保二年（一三一八）	八木沼郷	七宇		一五町七反	新田義貞	紀（由）
6	文保二年（一三一八）	村田郷内辻	一宇	一町七反	一町二反	村田頼親	紀（由）
7	文保二年（一三一八）	西谷村	四宇	六町	八反	新田義貞？	紀（由）
8	元応元年（一三一九）	佐貫荘上中森郷			五反	佐貫経信	仙心
9	元応元年（一三一九）	佐貫荘梅原郷		四反	六反	梅原時信	仙心
10	元亨二年（一三二二）	南女塚村	二宇			浄院	——
11	元亨三年（一三二三）	小角田村			一町八反	世良田満義	大谷道海
12	元亨四年（一三二四）	浜田郷	二宇	三町	七反	新田義貞	紀（小）
13	嘉暦二年（一三二七）	東田嶋村	二宇	二町五反	三町九反	新田妙西	紀（小）

14	嘉暦三年（一三二八）	那波郡飯塚郷				那波宗元	大谷道海
15	嘉暦三年（一三二八）	小角田村	一宇	二町六反（田畠）		世良田満義	大谷道海
16	嘉暦三年（一三二八）	佐貫荘内高根郷他 弘願寺領				三善貞弘	——
17	元徳二年（一三三〇）	小角郷			二町一反	世良田満義	大谷道海
18	元徳二年（一三三〇）	小角郷	一宇		二町五反	世良田満義	大谷道海
19	元徳二年（一三三〇）	比企郡南方将軍沢郷	一宇	三反		世良田満義	——
20	元徳三年（一三三一）	那波郡善養寺	二宇	四町三反半		高山重朝	紀（由）
21	元徳三年（一三三一）	男衾郡小泉郷	二七宇	二町六反		平時雄	紀（由）

〔注〕紀（小）は小此木彦次郎盛光妻紀氏、紀（由）は由良三郎景長妻紀氏、仙心は加治三郎左衛門尉教意女、——は直接寄進を示す。19・21は武蔵国。

はなかったのである。

道海の有徳人の動員

大谷道海は山本氏の指摘するように得宗被官系の人物と考えられるが、既に隠退しており政治権力から自由であったために、長楽寺再建という大事業に関われたと思われる。また、彼自身は小谷氏の指摘する有徳人ではないが、長楽寺と盛衰を共にする世良田宿の有徳人を再建事業の傘下《さんか》に加え人的・物的に動員したことは想像に難くない。それ故、この事業の完了時に楠木合戦の多額な軍事費支出を有徳銭という名目で課せられることは、長楽寺再建に多額の費用を拠出した義貞にとっても世良田住民にとっても許容しがたいものであったと考えられる。それ故、有徳銭徴収使の逮捕が強行され、これが義貞蜂起の前提を成すものとなったのである。

再建功労者としての道海

大谷道海は、永く長楽寺再建の功労者として認識されることとなった。永禄《えいろく》八年（一五六五）七月十五日の盂蘭盆《うらぼん》の行事の際、長楽寺住持義哲《ぎてつ》は仏殿において新田荘開発主「新田浄清大禅定門」（新田義重・法名上西）の水施餓鬼《みずせがき》を行った後に、常住において「道海・妙和之施餓鬼」を行っている（『長楽寺永禄日記』）。妙和とは前述の道海の姉妹ないし娘と推定される岩松政経妻の妙阿のことであろう。妙阿は、その発願によって道海が長楽寺再建を志したという人物である。それ故に、長楽寺は戦国時代に至るまで中興の旦那として二人の供養を行っていたのである。

三　新田荘の自然環境と交通

新田荘の立地

古代の新田郡の領域をほぼ継承した新田荘には、東部には八王子《はちおうじ》丘陵とそれに南接する金山《かなやま》丘陵がある（以下、一九七頁新田荘要図参照）。これら丘陵の東に細長く伊勢皇大神宮《いせこうだいじんぐう》領園田御厨《そのだみくりや》が立地しその東を渡良瀬川《わたらせがわ》が流れている。西側は新川《につかわ》（新里村《にいさと》）から南に流れ下る小河川の早川《はやかわ》、南は関東の大河利根川の流れ、北は鹿田山《しかだ》の丘陵群によって南北に長い二等辺三角形（扇を逆さにした形）を成している。現在の行政区割でいえば、太田市（合併によって新田・尾島・藪塚の三町を含む）と新田郡笠懸町、佐波郡東村や境町の一部（伊勢崎市に合併）、勢多郡新里村新川（桐生市に合併）、それに利根川南の深谷市の一部に広がっている。

大間々扇状地と東・北部丘陵

ここは、地質学的には大間々扇状地《おおままませんじょうち》といわれる渡良瀬川が地質年代に開析《かいせき》した緩傾斜の平地である。大間々扇状地は新古二つの扇状地から成り、西側の古扇状地の上には渕名荘が形成され、新たに開析された一段低い東側の新扇状地には新田荘が形成されている。二つの扇状地、二つの荘園の境界に前記の早川が流れている。南の利根川は、古代・中世には現在よりは少し南を流れ、現在利根川の南岸に位置する横瀬《よこせ》・高島《たかしま》・小角《こすみ》（いずれも埼玉県深谷市《ふかや》）などの郷は中世では新田荘に属していた。ところが、十五世紀前半と推定される利根川の変流によって、以前に前橋《まえばし》市街地の広瀬川《ひろせがわ》筋を通り伊勢崎《いせさき》市街地の西から現利根川筋へ南流していたものが、前橋市街地の西を南進して玉村《たまむら》町の北を通

利根川変流による新田郷の分割

るほぼ現河道に転換した。このため、新田荘の南を迂回《うかい》していた河道が変流をおこし新田荘の三ヵ郷を分離してしまった。十五世紀の後半の享徳《きょうとく》の乱の過程で記録された「岩松持国知行分注文」に、「高嶋郷六ヶ村、横瀬郷、彼の二ヶ所河向《かわむこう》たるによって敵方知行」（「正木文書」）とあり、この時期には現在の河道に利根川が流れていたことは確認される。この取り残された地域は、「国境河川地域」として、いくつかの河岸《かし》の渡船《とせん》によって北側との連絡を保っていた（梁瀬大輔「新田荘の国境河川地域」）。

湧水

扇状地の特徴として、扇の要すなわち扇頂部の地域では、丘陵部からの水流はあるが扇央部《せんおうぶ》では水は地下を潜《もぐ》り伏流《ふくりゅう》となり、それが扇端部《せんたんぶ》ではいっせいに湧水《ゆうすい》となって噴出する。この扇端部に東から西へ寺井《てらい》・上野井《うえのい》・市野井《いちのい》・今井《いまい》・田部井《ためがい》といった井（湧水池）のつく地名の集落が並び、湧水は南に広がる水田に灌漑《かんがい》する。これらが新田荘の農業生産の基盤である。国指定新田荘遺跡として指定された重殿《じゅうどの》用水や矢大神沼《やだいじんぬま》、それに一文字池《いちもんじいけ》などは新田町市野井に今日に残る井《い》（湧水）である。一九六〇年代に私が調査を開始したときにはこの市野井を中心に多くの井が存在し機能していたが、その後の群馬用水の引水や圃場《ほじょう》整備事業などによって次第に消滅していった。

新田堀用水

このほかの灌漑用水としては、桐生《きりゅう》市広沢《ひろさわ》地区から渡良瀬川の水を引水する新田堀用水があり、大永《たいえい》二年（一五二二）に古河公方《こがくぼう》足利高基《たかもと》は新田領の横瀬泰繁《やすしげ》に対して、「広沢郷用水」についてはこの郷が他の領主に宛行われても、用水の水利権を認める旨の書状を与えている（「由良文書」）。十六世紀前半には存在している用水であるが、どこまで遡ることができるかは今後の調査に委ねざるを得ない。

条里制水田と用水開発

新田荘の東部、金山丘陵の南の飯田《いいだ》・飯塚《いいづか》の地域には古代の条里制《じょうりせい》水田が広がり、この水田を灌漑するために用水開発が行われた可能性もある。この用水は鎌倉時代にも引き続いて活用されたと想定している。

古代東山道と中世東山道

新田荘には古代の東山道《とうさんどう》が東西に横断していた。この東山道については、従前は東《あずま》道《みち》と称され所々に「東《あずま》」地名の残る東道ルートが比定されていたが、近年の発掘調査の成果によって牛堀《うしぼり》・矢ノ原《やのはら》ルートがほぼ幅員一二メートルで側溝を有する古代東山道であることが確定している。さらに、二〇〇三〜四年の金山丘陵北部の西・東側の調査で、古代道の発掘が行われ、金山丘陵の北端を山越えする道筋が想定されるに至った（群馬県埋蔵文化財調査事業団現地説明会資料「あづまのやまのみち東山道駅路」）。従前の東道ルート（新田地域では笠懸《かさがけ》ルート）は古代東山道としては否定されている。しかし、この東道ルートは近世以降にまで道路ないし地名が残った中世東山道であると考えられる。古代の交通路と中世のそれとは利根川の変流による渡河点の変更などによって姿を変えたと想定される。後に述べる新田義貞軍の西への進路はこの中世東山道をたどったのである。

笠懸野

この道路が通過する地域は、前述の大間々扇状地の扇央部分に当たり、灌木《かんぼく》や草の生い茂った広大な荒蕪地《こうぶち》を形成する。この地域は、新田一族・家臣の武技訓練の場となり、弓馬の術を錬磨する場所となっていった。それ故に笠懸野という地名で称されるようになった。

新田荘北部地域の問題

従来の新田荘研究では、この笠懸野といわれる荒蕪地とその北に立地する新川・西鹿田・鹿田・阿佐見《あさみ》・藪塚《やぶづか》などの新田荘北部地域の集落についてはほとんど検討が加えられず、湧水線の南部、すなわち新田荘の中南部についてのみ論じられていた。しかし、これらの北部地域についても重要な問題がある。

石材産出と流通

笠懸野の一角にある鹿田天神山（笠懸町）からは良質の凝灰岩が産出され、これが中世の宝塔・五輪塔・石仏などの造塔石材として珍重されて上野・武蔵などの各地に輸出された。その石塔類の分布によって利根川水系を通じた石材流通の様相を知ることができる。新田氏は多くの石工《いしく》を投入してこの石材を切り出して、半製品にして早川を通じて利根川の河岸から輸出して富を得ていたと考えられる（国井洋子「中世東国における造塔・造仏用石材の産地とその供給圏」）。新田荘の産業を考える上で、この石材は重要な意味を持つ。

石の道

石材は、早川を通じて利根川の河岸に運ばれ、その水運を利用して武蔵の各地に搬送され、また陸路では中世東山道を通じて下野方面に搬送されていたのである。この道は、奥州からの貢馬《こうば》の道であるとともに石の道でもあったのである。

軍事用道路としての東山道

また、この道は軍事用道路としても利用された。蝦夷《えみし》を制圧するための関東の軍勢が北に侵攻した。あるいは、承平《じょうへい》・天慶《てんぎょう》の乱で平将門《たいらのまさかど》が平貞盛《さだもり》を追って上野国府に至り新皇《しんのう》に即位し、東国国家の道を目指したが政府軍の反攻にあって挫折する。そして鎌倉幕府成立後に奥州藤原氏攻めや承久の乱における東山道軍の進路ともなった。義貞の鎌倉攻めの進路もここであった。

変化に富んだ気象条件

上毛カルタに「雷《らい》と空《から》っ風、義理人情」とあるように、夏の雷（夕立）すなわち雷鳴のとどろきと集中豪雨はすさまじく、冬は北から吹き下ろす冷たく激しい季節風は強烈である。赤城山南麓ではこれを赤城颪《おろし》といっている。変化に富んだ気象条件の中での生活が、一面では激しい気性とともに義理人情に厚い人間性を育んだという。雷と空っ風とそれに嬶《かかあ》天下の三Kを人は上州人の特徴に数える。嬶天下は女性（妻）が働き者で経済能力があり一家を取り仕切り、妻に比べて軟弱な男（夫）を叱咤《しった》する。これは、火山灰地が桑畑《くわばたけ》となって養蚕業が発達し、生糸《きいと》や機織物《はたおりもの》の生産で女性の経済力が向上した近世・近代のことで、中世には遡らないと思われる。生糸・織物の現金収入を当てこんだ上州やくざ（侠客）の発生と軌を一にする。しかし、雷と空っ風は義貞の時代も同様であったであろう。

義貞は、このような自然条件の中で育ち、利根川での水練や笠懸野や北の丘陵で弓馬の道にはげみながら、冬には苛烈な空っ風（赤城颪）に吹かれて強靱な武士に育っていったのである。

第二　元弘の乱・南北朝内乱における義貞

一　義貞、鎌倉幕府を滅ぼす

1　生品明神の挙兵

参集した新田一族

元弘《げんこう》三年（一三三三）五月八日未明、上野《こうずけ》国新田荘は物々しい雰囲気に包まれていた。あちらこちらから武装した新田一族の武士たちが、卯の刻（午前六時前後）、夜明けとともに一井《いちのい》郷の生品明神《いくしなみょうじん》に参集した。この時の状況を『太平記《たいへいき》』は次のように活写している。

生品明神での挙兵

> 五月八日ノ卯刻《ウノコク》ニ、生品《イクシナノ》明神ノ御前《マヘ》ニテ旗ヲ挙《アゲ》、綸旨《リンジ》ヲ披《ヒライ》テ三度是《ミタビコレ》ヲ拝シ、笠懸《カサカケ》野《ノ》へ打出《ウチイデ》ラル、相随《アヒシタガ》フ人々、氏族《シゾク》ニハ、大館《オホタチ》次郎宗氏《ムネウヂ》・子息孫次郎幸氏《ナリウヂ》・二男弥次郎氏明《ウヂアキラ》・三男彦二郎氏兼《ウヂカネ》・堀口三郎貞満《サダミツ》・舎弟四郎行義《ユキヨシ》・岩松三郎経家《ツネイヘ》・里見五郎義胤《ヨシタネ》・脇屋次郎義助・江田三郎光義・桃井次郎尚義《ナホヨシ》、是等《コレラ》ヲ宗徒《ムネト》ノ兵《ツハモノ》トシテ、百五十騎ニハ過《スギ》ザリケリ、此勢《コノセイ》ニテハ如何《イカガ》ト思フ処ニ、其《ソノ》日ノ晩景《バンゲイ》ニ利根河《トネガハ》ノ方《カタ》ヨ

リ、馬・物具《モノノグ》爽《サワヤカ》ニ見ヘタリケル兵二千騎許《バカリ》、馬煙《ウマケブリ》ヲ立《タチ》テ馳来《ハセキタ》ル。スハヤ敵ヨト目ニ懸《カケ》テ見レバ、敵ニハ非ズシテ、越後《ノ》国ノ一族ニ、里見《サトミ》・鳥山《トリヤマ》・田中・大井田《オオヰダ》・羽《ハネ》川《カハ》ノ人々ニテゾ坐《オハ》シケル。

ここに参集した新田一族の主要なメンバーは次のような人々である。

(新田系)　新田小太郎義貞　舎弟脇屋次郎義助
〈大館〉　大館次郎宗氏　子息孫次郎幸氏　二男弥次郎氏明　三男彦二郎氏兼
〈堀口〉　堀口三郎貞満　舎弟四郎行義
(岩松系)　岩松三郎経家
(里見系)　里見五郎義胤
(世良田系)　江田《えだ》三郎光義（行義か）
(足利系)　桃井《もものい》次郎尚義

その合計は一五〇騎とある。これは騎馬武者だけの数であるから、徒歩《かち》の歩射《ぶしゃ》の者を加えれば、この数倍となるであろう。この人名の中には、新田嫡流系の人々が多くあげられ、他は惣領《そうりょう》一人が代表する形となっている。実態としては新田・岩松・里見・江田の一族連合の形をとり、これに足利一族で群馬郡桃井郷（榛東村）を本拠とする桃井尚

笠懸野への進出

義が加わっている。社前に集合の後に、「旗（大中黒）ヲ挙ゲ、綸旨ヲ披《ひら》テ三度是ヲ拝シ」とあり、これと同時に一味神水《いちみしんすい》（誓約）の儀式が行われたと想定される。一連の儀式後に、生品明神北の笠懸野《かさがけの》に進出した。この笠懸野に出るということは、ここを東西に走る中世東山道《とうさんどう》（東道《あずまみち》）に出て、進路を西に向けて上野国中央部に進撃していったと考えられる。

元弘の乱のはじまり

さて、話を挙兵以前の状況に戻して見てみよう。正慶《しょうきょう》元年（一三三二）十一月、後醍醐《ごだいご》天皇の討幕命令によって楠木正成《くすのきまさしげ》が河内《かわち》に挙兵し（「楠木合戦」）、元弘の乱が開始された。この追討のため幕府は御家人に対して河内方面への軍事動員を命ずる。この時に「大番《おおばん》衆《しゅう》」として在京していた新田一族・里見《さとみ》一族・山名伊豆入道《やまないずにゅうどう》跡（山名義範《よしのり》の子孫）らは多くの上野御家人とともに河内に進撃する（「楠木合戦注文」）。義貞は正成の楯籠もる河内金《こん》剛山《ごうさん》の搦手《からめて》の攻撃に参陣していたが、この間に討幕の綸旨《りんじ》（護良《もりよし》親王の令旨《りょうじ》説もある）を密かに取得し、仮病を使って新田荘に帰ったという（『太平記』）。

世良田への有徳銭徴収使の入部

幕府は楠木正成追討の軍費を調達のため諸国に有徳銭《うとくせん》の徴収を命じた。有徳銭とは富裕な商工業者に課される富裕税のことである。当時の世良田は長楽寺《ちょうらくじ》の門前町《もんぜんまち》として宿《しゅく》・市《いち》が栄え、東上野の経済交流の中心地として、商業活動で利益を得ている有徳人が多数いたと考えられる。そこで、幕府の命を受けた紀出雲介親連《きのいずものすけちかつら》と黒沼彦四郎《くろぬまひこしろう》入道が世良田に徴税使《ちょうぜいし》として西隣りの渕名荘から入部《にゅうぶ》してきた。戦場から帰郷していた義貞は徴税使の無法な譴責《けんせき》に怒り、二人を捕らえ黒沼を斬首し親連を拘留した。親連助命の理由は義貞家臣の船田義昌《ふなだよしまさ》の同族であったためというが、親連は幕府高官でもあり、義貞は幕府の出方をうかがおうとしたのかも知れない。世良田集落の東端の小さな山（古墳か）の上に二体地蔵《じぞう》といわれる江戸時代の石仏二体が立てられており、地元では親連と黒沼の首を埋めた場所との伝承がある。当初は一体であったともいう。この場所は世良田宿の東境に位置し、この付近が当時刑場であった可能性がある。

二体地蔵

義貞のこの行為はすぐに幕府方に報告され、義貞の追討が予想されたので義貞は機先を制して討幕挙兵に踏み切ることになる。

義貞挙兵の五月八日に、幕府は幕府使用の元号である正慶二年を用い、長楽寺にあてて新田荘平塚《ひらつか》郷を寄進している（「長楽寺文書」）。これは徴税使の逮捕ないし殺害に対する報復措置として、幕府は江田行義の所領を没収して長楽寺に寄進したものであろう。長楽寺にこの文書がもたらされたのは義貞出発の数日後と考えられる。

新田軍西へ

その後の行動を『太平記』によってさらに追ってみよう。義貞以下一五〇騎は笠懸野から東山道を西進し、その日の「晩景《ばんげい》」（夕方）に利根川《とねがわ》の方からやってくる二〇〇〇騎ほどの越後国魚沼郡の新田一族、里見・鳥山・田中・大井田・羽川氏らと合流する。義貞は喜び、挙兵のことをどのように知ったのかと問うと、義貞挙兵を「天狗山伏《てんぐやまぶし》」が越後国中に触れ廻ったので急いで駆けつけたと答えている。さらに後陣に越後・甲斐《かい》・信濃《しなの》の軍勢五〇〇〇騎が馳せ参じたと記している。ところが、この箇所は、今川《いまがわ》家・毛利《もうり》家・北条《ほうじょう》家・金勝院《こんしょういん》・西源院《さいげんいん》・南都《なんと》本などでは「後陣ノ越後・甲斐・信濃の源氏五千騎ハ、小幡庄ニテ追附奉ル」とあり、小幡荘で追いついたとある。この部分は『神明《しんめい》鏡《きょう》』では、次のようになる。

上野国ヨリ五月五日新田小太郎義貞・義助一族卅余人宣旨《せんじ》ヲ三度コレヲ拝《はい》ス。笠懸ノ野辺打出。其勢僅カニ百五十余ニハ過ザリケリ。越後等騎馳来《はせきたり》、其日二千余騎ニ成《なる》。甲斐・信濃源氏五千余騎ニテ八幡庄ニテ馳付。又足利殿ノ若君千寿王殿上野国ヨリ二百余騎ニテ打出給テ、上野・上総・常陸・武蔵兵一日ガ内ニ廿万騎ニ及ベリ。

八幡荘での結集

『太平記』異本で「小幡庄」と記してある箇所は、ここでは「八幡庄」となっている。

小幡荘（甘楽《かんら》郡甘楽町）は、越後の後陣や甲斐・信濃の軍勢が新田軍に合流する場所としては適当でなく、『神明鏡』記載の八幡荘が適当である。このようにみると、『太平記』『神明鏡』の記事に見られる新田軍の進路は、生品明神から北方の笠懸野に出て、そこで中世東山道（東道《あずまみち》）に入って西進し、利根川渡河点の大渡り（前橋《まえばし》市）で利根川の西からやってきた越後の先発隊と合流した。さらに碓氷川《うすいがわ》を渡って八幡荘に到着し、そこで越後の後陣や信濃・甲斐の軍勢と合流したことになる。すなわち西に大きく迂回して上野中央部において幕府方に圧力をかけながら八幡荘（高崎《たかさき》市南部）で総結集し、態勢を整えて翌九日に武蔵に出撃したことになる。八日の宿泊地である八幡荘は、碓氷川・烏川《からすがわ》の合流する地点に位置し、板鼻《いたはな》から寺尾《てらお》にわたる高崎市西南部に立地する荘園である。建武《けんむ》四年（一三三七）足利尊氏《たかうじ》は上野守護上杉憲顕《うえすぎのりあき》に「八幡庄已下《いか》」の支配を命じていることから（「上杉家文書」）、この荘園が元弘の乱後の没収所領と推定される。また、平安末・鎌倉時代以来西北に里見氏、南東に山名氏を配置し、寺尾は新田義重が治承《じしょう》・寿永《じゅえい》内乱の際に楯籠もった地とされることから、八幡荘が新田義貞に至る新田氏相伝所領と想定される。当時の上野国は北条得宗《とくそう》家の守護国で、守護代の長崎《ながさき》氏が支配していた。この守護所は必ずしも明らかでないが、国庁（群馬町元総社）に置かれた可能性が高く、かつて上野守護であった安達泰盛《あだちやすもり》の拠点とした玉村御厨《たまむらのみくりや》（玉村町と前橋市東南部）、新田荘の西隣りの渕名荘《ふちな》もそれに次ぐ守護代の拠点であったと思われる。義貞が挙兵後の進路を西にとったのは、上野中央部の北条氏勢力に圧力をかけ、そこで強力な軍勢を結集してから武蔵に進出するという、政治的・軍事的示威行動が必要だったのである。

武蔵への進撃

義貞は上野・越後・信濃・甲斐合わせて七〇〇〇余騎の軍勢の結集を得て、鎌倉街道を南下して鎌倉を攻める体制が整う。

> 是偏《コレヒトヘニ》 八幡大菩薩ノ擁護《オウゴ》ニヨル者也、且モ《シバラク》逗留《トウリユウ》スベカラズトテ、同《オナジキ》九日武蔵国《ノ》ヘ打越《ウチコエ》給フニ、紀《キノ》五左衛門、足利《アシカガ》殿ノ御子息千寿王《センジユワウ》殿ヲ具足《グソク》シ奉リ、二百余騎ニテ馳着《ハセツキ》タリ。是《コレ》ヨリ上野《カウヅケ》・下野《シモツケ》・上総《カヅサ》・常陸《ヒタチ》・武蔵《ムサシ》ノ兵共《ツハモノドモ》期《ゴ》セザルニ集リ、催《モヨホサ》ザルニ馳来《ハセキタツ》テ、其《ソノ》日ノ暮《クレ》程ニ、二十万七千余騎 甲《カブト》ヲ並ベ扣《ヒカヘ》タリ。（『太平記』）

これによると八幡荘の逗留で八幡大菩薩《はちまんだいぼさつ》の加護があったことになる。そして翌九日武蔵への怒濤の進撃が開始される。

2　義貞軍の進路をめぐって

元弘の乱の問題点

十四世紀の第二四半期、日本列島は元弘の乱、建武政府の成立と崩壊、そして南北朝内乱という激動に襲われた。この激動の第一段階の元弘の乱の過程において、元弘三年

（一三三三）五月、上野国新田荘に蜂起した新田義貞軍の攻撃を受けて鎌倉幕府《かまくらばくふ》が滅亡した。この政治的大事件の経過について二つの問題点がある。

第一には、新田義貞は新田荘内のいずれの地に蜂起し、どのような進路をとって武蔵《むさし》国に進撃していったのか。

第二には、新田軍とそれに随行した足利千寿王《あしかがせんじゅおう》（後の二代将軍足利義詮《よしあきら》）を擁した足利軍とはどのような関係にあり、それが討幕《とうばく》軍の結集にとっていかなる意味を持っていたか。

これらの問題については、いままで必ずしも明らかにされているとは言い難い。このことは鎌倉幕府滅亡直前の関東の情勢、上野間における新田一族の族的結合の状態、幕府滅亡後に展開される新田・足利両勢力の確執と南北朝内乱への展開という重要問題と深く関係していると考えられる点で無視できない問題である。

義貞軍の進路についての研究史

第一に関しては、新田義貞が五月八日に新田荘一井郷（太田市市野井《いちのい》）の生品明神に挙兵し、笠懸野に進出したという『太平記』や、五月中旬に新田荘世良田《せらだ》に出陣したという『梅松論《ばいしょうろん》』の記述をもとにして検討されている。戦前の研究では、田中義成『南北朝時代史』は新田氏の居館があるという寺井《てらい》村字七堂《しちどう》（太田《おおた》市）から生品明神へ赴いてそこに挙兵し、その後に世良田に進出して利根川《とねがわ》を越えて南下したと記している。ただし、今日では寺井には古代の郡衙《ぐんが》や寺院と想定される遺構が確認されているが、中世の館跡とは認められていない。藤田精一『新田氏研究』では、二つの記録を重ね合わせて、生品明神から笠懸野を経て東山道を西進し、越後《えちご》の一族と合流してから世良田に軍を返し、態勢を整えてから利根川を渡って南下し武蔵に進撃したという甚だややこしい軍事行動となっている。『新田義貞公根本史料』の鎌倉攻めの付図では、生品明神から世良田へ出て、利根川を渡河して、武蔵へとしている。戦後の研究では、豊田武「元弘討幕の諸勢力について」では、一井郷（反町館《そりまちやかた》）から世良田へ進出してから南下したとしている。これまでの研究の到達点は、黒田俊雄『蒙古襲来』の次の文章に集約されると思われる。

義貞の挙兵にさいし、軍勢がどのようにして結集されたのか、その状況はあまりわからない。しかし、ともあれかれ（義貞）は、挙兵するやいなやただちに南をさして利根川の北岸世良田へ進出して陣をしいた。そしてその直後、上野国の守護代が鎮圧に押し寄せたときには、もはや新田の軍勢は一守護代の手に負えない勢力になっていた。義貞は利根川をこえて武蔵国に入り、ひたすら鎌倉をめざして南下した。

佐藤和彦『南北朝内乱』は、この黒田氏の見解にもとづいて進路図を記載している。

これらの研究史に対して、峰岸純夫『新田荘と新田氏』、『群馬県史』（通史編3　中世）では、生品明神に挙兵した義貞は、一路東山道を西に進出し上野国中央部に圧力を加え、八幡《やわた》荘に進出してここに越後の新田一族と合流し、そこから武蔵に進撃したと推定した。しかし、『梅松論』の世良田進出説をどのように統一的に理解するかという課題は今後に残された。この解明を「元弘三年五月、上野国新田荘における二つの倒幕蜂起」と『尾島《おじま》町誌』では新田・足利両氏の連携の究明と併せて行った。

東山道西進の理由

なぜ、義貞は東山道を西進したのかということは、前述の国庁の幕府方への圧力ということと併せて、利根川の渡河問題があったからだと思われる。通説では、新田義貞の進路は世良田から南の利根川渡河であった。峰岸の説では、東山道を西進して大渡り（前橋市）の付近での渡河を想定している。その理由は、①鎌倉幕府が守護として抑えている国庁など上野中央部に圧力をかける、②先祖相伝の地である八幡荘で越後・信濃・武蔵北部の軍勢の結集をはかる、さらには③世良田付近における騎馬軍団の利根川渡河は夏の増水時には困難である（義貞挙兵の四月八日は太陽暦の六月二十八日）、などを理由にあげている。③については、近年斎藤慎一氏がさらに研究を深め、南北朝内乱期における北《きた》畠顕家《ばたけあきいえ》の上洛、小山義政《おやまよしまさ》の乱の鎌倉府軍の小山氏攻撃、戦国争乱期の合戦などの軍隊の移動に検討を加え、鎌倉街道上ノ道と東山道を迂回路として利用し、新田荘付近など利根川中流域の渡河を避けて、より上流の上野中央部で渡河することが通例だったとする見解を示しており、このなかで峰岸の示した義貞東山道西進説の妥当性を指摘している（「中世東国における河川水量と渡河」、「鎌倉街道上道と北関東」）。

3 足利千寿王の世良田蜂起

『梅松論』の記述

『太平記』がどちらかといえば南朝方の立場であるのに対比して、足利方を中心とした記述となっている『梅松論』（京都大学所蔵本）では、義貞の蜂起を次のように記している。

①五月中旬ニ上野国ヨリ新田左衛門佐義貞時ニ小太郎、君ノ御方トシテ当国セラ田(世良)ニ打出陣ス。是《これ》モ清和天皇ノ御後胤《ごこういん》、陸奥守義家ノ三男、式部大夫義国ノ子息、大炊助義重戒名上西、陸奥新判官義康ノ連枝也。先立密ニ勅ヲ蒙リ給ニヨテ、義貞一流氏族皆打立ケリ。先山名・里見・堀口・大館ヲ先トシテ、岩松・桃井皆一人当千ニ非ズト云コトナシ。然間当国守護人、長崎孫四郎左衛門尉高時代即時《そくじ》ニ馳向《はせむかい》テ合戦ニ及ト云共、既ニ上州一国輩義貞ニ属スルニヨテ、相支ニ及ズ引退間、義貞多勢ヲ引

率シテ、武蔵国ニ攻入間、両国ノ輩大将軍トシテ大勢武蔵国ニ発向ス。当日小山田《おやまだ》庄ノ山野ニ陣ス。

②既ニ関東誅伐ノ事、義貞朝臣其功ヲ成トイヘ共、如何《いかが》カアリケン。義詮ノ御所時ニ四歳、同大将トシテ御輿《おこし》メサレ、義貞ト同道アリ。関東御退治以後二階堂別当坊ニ御座アリシニ、諸侍悉《ことごと》ク四歳ノ君ノ御料ニ属シ奉《たてまつ》ル。不思議ナリシ事共也。

足利千寿王の新田軍への参陣

①によれば、義貞が蜂起したのは五月中旬であるが、その場所は分らず、その直後に世良田に出陣した。これに対して鎮圧に向かった上野守護代の長崎氏が、多くの上野武士が義貞に属す状況を前にそれを抑止しえず退却したため、その後義貞は武蔵に攻め入ることができたとある。②では千寿王が、義貞と同道したことになっている。しかし千寿王の蜂起と義貞軍への合流場所が不明であるし、世良田から同道したかのような表現である。この『梅松論』の記述は、蜂起の日時と進路が前記の『太平記』の記述と矛盾し、両者を厳密に繋ぎ合わせると、新田軍は東山道を一度西に向けて出撃し、その後に世良田にとって返し、そこから利根川を渡河して武蔵に南下したという藤田精一説のような複雑な動きになる（『新田氏研究』）。

大蔵谷からの逃亡

鎌倉大蔵谷《おおくらだに》の屋敷にいた足利千寿王は五月二日夜半に姿を消したため、鎌倉中の人々に動揺をもたらしたという（『太平記』）。しかし、千寿王の逃亡先は不明で、また蜂起の時と所が明確でない。『神明鏡』では、次の記述が見られる。

③足利殿ノ若君千寿王殿上野国ヨリ二百余騎ニテ打出給テ、上野・上総・常陸・武蔵兵一日ガ内ニ廿万騎ニ及ベリ。

ここでは千寿王の出発地は本領下野国足利荘ではなく、「上野国」であったこと、千寿王の出陣が関東各地の武士の参集に影響を与えたという記述が注目される。『太平記』では、「紀《キノ》五左衛門、足利《アシカガ》殿ノ御子息千寿王《センジユワウ》殿ヲ具足《グソク》シ奉リ、二百余騎ニテ馳着《ハセツキ》タリ」とあり、五月九日の義貞による武蔵国進撃後に、千寿王は紀五左衛門に伴われて義貞軍に合流したことになる。この「紀五左衛門」は紀姓の「紀五」を名字とする紀五左衛門尉政綱《まさつな》という人物で、足利氏重代の被官である（佐藤博信「上杉氏家臣に関する一考察―特に紀五氏の場合―」）。

以上『太平記』および①②③の記述から、足利千寿王の蜂起の時点とその足跡を整合的に明らかにすることは困難である。ところが、足利千寿王の蜂起を具体的に示す三つの史料が存在する。以下これを示す。

千寿王の世良田蜂起の史料

A　鹿島利氏申状案《かしまとしうじもうしじょうあん》

「関城《せきやど》において大将三州《さんしゅう》（高師冬《こうのもろふゆ》）直ちに召し置かる申状案」

常陸国鹿島尾張権守利氏《おわりごんのかみとしうじ》謹んで言上す

（中略）

一、本知行《ほんちぎょう》元弘勲功地《げんこうくんこうち》、同国（常陸）南郡内下吉景村地頭職事

右利氏、元弘三年五月十二日上野国世良田に馳参し、将軍家若君御方に参ぜしむるの処、新田三河弥次郎満義（世良田）の手に付せられ、数輩子息若党以下討死の忠によって、将軍家度々御吹挙《ごすいこ》に預かり、去建武二年九月二十三日下吉景村《しもよしかげむら》地頭職海東忠行領知分を充て賜り勲功の賞として当知行の条、官符宣幷びに国宣御牒等分明なり。随《したが》って子息若党等討死の在所なり。たとい本領は相違ありといえども、官符宣を下さる勲功の地においては、改動あるべからざるの由仰せ出されおわんぬ。然《しか》らば早く元の如くこれを返し給り、永代不朽弓箭《きゅうせん》の面目に備えんがため、よって言上くだんの如し。

康永元年八月十五日　大将直ちに召し置かる申状の案文なり。

B鹿島利氏本知行分注文案

鹿島尾張権守利氏本知行分注文

合

（中略）

一、元弘勲功の地

同国（常陸）南郡下吉景村地頭職、宍戸壱岐八郎跡知行なり。利氏子息尾張式部大夫《おわりしきぶのだいふ》実利《さねとし》本

知行分

（中略）

一、同国塩龍〔籠〕庄本田畠在家《しおごのしょうほんでんぱたざいけ》山野等

佐竹刑部少輔《ぎょうぶのしょう》義篤《よしあつ》、那珂西《なかさい》郡内闕所《けっしょ》と号し、押してこれを知行す。

已上

判　師冬《もろふゆ》

C鹿嶋尾張権守利氏申す、常陸国鹿嶋郡内本知行永助《ながすけ》・吉久《よしひさ》両名田畠屋敷、岡野・葦《あし》前《まえ》・益田《ますだ》三ヶ村等の事、鹿嶋又次郎幹寛《もとひろ》に相尋ぬるの処、本知行相違なしと云々。御方に参じ軍忠《ぐんちゅう》抜群の間、元の如く返付せらる所なり。所詮かの所に莅《のぞ》み、利氏に沙汰《さた》し付けらるべきの状、仰《おおせ》によって執達《しったつ》くだんの如し。

康永二年八月十六日　参河守（高師冬）

佐竹上総入道（貞義）殿

文書の信頼性

この三通の関連文書は、「常陸国鳥巣《とす》無《む》量寿寺《りょうじゅじ》文書」として『後鏡《のちかがみ》』一巻に収載されている二通A・Bと、水戸《みと》彰考館《しょうこうかん》所蔵の「諸家所蔵文書」六に収載された「鳥栖無量寿寺文書」の一通Cである。『後鑑』は江戸幕府の修史事業の一環として成島良譲《なるしまよしう》が編纂し、嘉永《かえい》六年（一八五三）に刊行された元弘元年から慶長《けいちょう》二年（一五九七）に至る室町幕府・織豊《しょくほう》政権についての編年体の史料集成である。また江戸時代後期に中山信名《なかやまのぶな》によって編纂され、さらに色川三中《いろかわみなか》が修訂を行った『新編常陸国誌』の塩籠荘（なお『後鑑』は「塩籠」と誤記）などの解説に引用され、この注文について「コノ状ニ師冬ノ裏判アリ、サレバ其裏判ニヨリテ、又鹿島氏ニテ地頭ヲ知行セント見ユ」とあり、この解説により、中山信名または色川三中が、このB文書を実見し末尾の「判　師冬」は裏花押《うらかおう》であることを確認していることが判明する。『玉造《たまつくり》町史』や『茨城県の地名』（平凡社）および『日本地名大辞典　茨城県』（角川書店）にもその豊富な地名史料が引用されている。

文書の内容

鳥巣（鉾田《ほこた》町鳥栖《とす》）の無量寿寺（浄土真宗寺院）は、現在真宗関係文書を所蔵しているが、この三点の文書は伝存していない。原文書の発見を今後に期待するが、現時点ではこの『後鏡』および「諸家所蔵文書」所収の案文で判断する以外にない。この『後鏡』所収

鹿島氏の鎌倉攻めの体験

の二通の文書は、鹿島利氏のA申状と付属のB所領注文からなる。日付は康永元年（一三四二）八月十五日で、常陸関城合戦において高師冬軍に属した鹿島尾張権守利氏が、その後に鹿島又次郎幹凞《もとひろ》などに押領《おうりょう》されていた所領の「本知行分」の還補《げんぽ》を要請している申状とその付属の所領注文である。利氏は鎌倉攻めに参加して子息や若党が討死し、「討死の在所」（血をもって獲得）で「元弘勲功の地」である常陸南郡（茨城《いばらき》南郡）下吉景村を返還して欲しいと要請している。なお、利氏には尾張式部大夫実利と鹿島前惣大行《そうだいぎょう》事《じ》左近大夫将監《しょうげん》貞綱という二人の子息がおり、Bの所領注文では、利氏分と子息実利・貞綱分が分割して記載されている。鎌倉攻めの元弘三年から九年後の康永元年までの間に、南北朝内乱の過程で鹿島利氏父子はその所領の多くが不知行化していたのである。この不知行地回復の機会として訪れたのが関城合戦で、この時に鹿島利氏父子によって呼び覚まされたのがAの傍線部分、鎌倉攻めの体験である。ここに本書が注目する足利千寿王の蜂起にからむ文言がある。すなわち利氏は五月十二日に世良田に馳参して、「将軍家若君」（足利千寿王）の陣に加わり、新田一族の世良田満義の軍団に配属されたという記述になっている。

これは果たして史実として認められるものであろうか。この二文書は原本の真偽を確認する方法がないが、文面で見られるかぎり不審な点はない。ところが、先のCの文書が残されている。

この文書は前述の申状Bのうちの冒頭の所領が、鹿嶋利氏の申請にもとづき鹿嶋幹寛に確認したうえで利氏に渡付すべきことを、高師冬が常陸守護佐竹貞義《さだよし》に命じている。これはBの関連文書であり、A・B文書の裏づけとなる。相論の相手である押領人鹿島又次郎幹澂（Cでは幹寛）は、建武五年十月の烟田《かまた》又太郎時幹軍忠状（「烟田文書」）に「鹿島又次郎幹寛」として登場する人物と同一人であろう。また、この人物は康永二年九月の高師冬奉書と鹿島幹寛打渡状《うちわたしじょう》によってもその実在が確認される（「護国院《ごこくいん》文書」）。鹿島利氏は鹿島郡の豪族中臣《なかとみ》姓鹿島氏と考えられ、これに対し同じ鹿島を名乗っているが幹澂（幹寛）は「幹」の通字から常陸大丞《たいじょう》系の烟田一族と考えられる。さらにBの注文の省略した部分に出てくる佐竹刑部少輔義篤《よしあつ》は、建武四年五月から康安《こうあん》二年（一三六二）正月に没するまで常陸において活動し、当初は常陸守護で父の佐竹貞義の代官として、やがて康永三年正月頃から守護として活動している（佐藤進一『室町幕府守護制度の研究』上）。康安二年正月七日に佐竹義篤は譲状《ゆずりじょう》を作成しているが、この中の所領に前記史料Bの塩籠荘が「久慈西塩子郷《くじにししおご》」として記載されている（「秋田藩家蔵文書」）。

常陸の武士の馳参

このA・B・Cの関係文書によって、八月十二日に足利千寿王は世良田で軍勢を集めたということになる。その際に鹿島利氏が常陸から馳参《ちさん》したのである。常陸から鎌倉攻めに参加した人々には、大塚・塙《はなわ》・徳宿《とくしゅく》・烟田・宍戸《ししど》氏などがその軍忠状から確認できる（「塙氏所蔵文書」など）。これらの人々の中には利氏と同様常陸から世良田に馳参した者もあったと考えられる。この背景には、義貞が常陸小田氏の娘を妻として、義宗を儲けていることと無関係ではないであろう。義貞の出陣要請が常陸にもたらされていることが推定される。

世良田での蜂起の理由

道海とその娘紀氏とのつながり

それでは、足利千寿王は蜂起の地としてなぜ世良田を選んだのであろうか。先に述べたように（第一―二）世良田長楽寺の再建に尽力した大谷《おおや》四郎《しろう》入道《にゅうどう》道海《どうかい》がいるが、この人物は紀氏の出身である。また新田義貞の重臣船田氏も紀氏である。さらに世良田を中心とする新田荘の紀一族と足利氏家臣の紀五左衛門尉政綱との関連が想定される。想像をめぐらすならば紀五政綱はこの紀氏の縁を頼って鎌倉脱出後の足利千寿王を長楽寺にかくまった可能性がある。

第二次蜂起

そして新田義貞が挙兵した五月八日の四日後の十二日に、第二次蜂起として世良田に挙兵したのであろう。前掲「無量寿寺文書」にあるように、世良田での千寿王の挙兵に、世良田満義がその中心となって参陣しており、鹿島利氏は満義の軍団に属したのである。この世良田満義は長楽寺に所領を寄進するなどして大谷道海の長楽寺再建に協力している人物である（「長楽寺文書」）。

足利氏と世良田氏

南北朝内乱において世良田氏の庶家《しょけ》江田行義は新田義貞と行動をともにしたが、世良田惣領家（満義）は足利方に属していた。このことは、この蜂起によって形成された足利氏と世良田氏の結びつきがその後に継承されたものと思われる。千寿王の世良田蜂起もまた、当地の地頭で長楽寺の旦那である世良田氏の援助が不可欠のものであったと思われる。

蜂起の日をめぐる認識のズレ

以上のように世良田の蜂起を足利千寿王による蜂起（第二次）とした場合、『梅松論』の新田義貞による世良田出陣の記述をどのように考えたらよいのであろうか。五月十二日の世良田蜂起は義貞のものでないことは明らかで、そもそも五月十一日に義貞軍には信濃の市村王石丸《いちむらおういしまる》代後藤弥四郎《ごとうやしろう》信明《のぶあき》が参陣しており（「由良文書」）、この時点では義貞はすでに武蔵に進撃をしていた。したがって『梅松論』の記述は、後に義貞軍に合流した足利千寿王の蜂起を、義貞の蜂起と同日であると誤認した足利系の伝承が混入しているのではないかと思う。足利尊氏は五月七日に丹波《たんば》国篠村八幡宮《しのむらはちまんぐう》に蜂起し、そのうちに京都六波羅《ろくはら》を攻略した。後に建武政府内で尊氏と義貞が対立し、互いに後醍醐天皇に奏状を捧げて相手を論難し合っている（『太平記』）。その時、尊氏は義貞の蜂起が尊氏の六波羅制圧を知った後だと言い、これに対して義貞は、自分の蜂起は五月八日で六波羅攻めの情報はまだ関東に届いていないと反論している。足利方は義貞の蜂起を五月中旬（十二日）と誤認していた節がある。前述の『梅松論』の記述はこの誤認にもとづく混乱を示すものと考えたい。

4　新田・足利両氏の連携

新田・足利連携の仕掛人

新田一族の岩松氏は、新田義兼《よしかね》の娘と足利義純《よしずみ》との間に生まれた岩松時兼が祖である。それ故、新田・足利両氏と系譜上の両属関係にあり、岩松氏と足利氏の関係は深いものがあったと思われ、討幕蜂起に当たっての足利氏から岩松氏への働きかけも想定される。応永二十二年（一四一五）十月十五日岩松満純《みつずみ》文書注文（「正木文書」）には、次のような記載がある。

一、紀五（政綱）方より、田嶋方へ内状《ないじょう》　一通　ⓐ
一、長寿寺殿（足利尊氏）御書《ごしょ》　新田下野五郎（岩松経家《つねいえ》）殿へ　五通　ⓑ

また応永三十三年岩松満長《みつなが》代成次《なりつぐ》安堵《あんど》申状《もうしじょう》に副えられた文書目録（「正木文書」）に、次のように記されている。

一通　元弘三年四月二十二日先代（北条高時《たかとき》）退罰御内書《たいばつのごないしょ》　ⓒ
一通　同年七月十九日綸旨　ⓓ
二通　御感《ぎょかん》并御内書　ⓔ
一通　官途并恩賞御申御沙汰《ごさた》御書　ⓕ

岩松氏に対する恩賞

ⓓ～ⓕは建武政府成立以後の岩松経家に対する恩賞関係の文書である。岩松経家は当初鎌倉攻めの段階では下野五郎を称し（「有浦《ありうら》文書」）、建武政府成立後は兵部大輔《ひょうぶのたいふ》の官途を得ている（「由良文書」）。したがってⓑ・ⓒは鎌倉攻めの段階の文書であり、ⓐも蜂起前後と考える。ここではⓑの五通の中にⓒが含まれていると思う。これらの文書はすべて現存しないが、新田義貞の蜂起（五月八日）以前に「先代（北条高時）退罰」の足利尊氏（当時高氏）の御内書が、岩松経家に与えられていることが確認される。これにもとづいて経家は、新田義貞と「両大将」となり鎌倉幕府を滅ぼしたと申状に記されている（高柳光寿『足利尊氏』）。さらに、これ以外に四通（ⓓ・ⓔ・ⓕ）の経家に宛てて出された尊氏発給文書（写を含む）の存在がわかる。

岩松氏を媒介とした政治工作

さらに、ⓐに見られるように足利氏直臣「紀五方」（紀五左衛門尉政綱）から岩松氏の有力庶家「田嶋方」への「内状」が送付されており、この内状は尊氏発給文書の副状《そえじょう》と考えられる。この文書は現存せずその内容は不明だが、岩松氏を媒介とした尊氏→政綱→田嶋方→経家→義貞の情報伝達ルートによる足利氏から新田氏への政治工作を示すものと考えられる。ここにおいても紀五政綱の活動が垣間見られる。前述の足利千寿王の蜂起を支えた世良田満義とともに、足利・新田関係を仲立した岩松経家の存在が大きく、義貞蜂起は足利氏との深いきずなによる連携によって行われたことが推察される。以上の関係を整合的に理解してみると、蜂起直前に新田・足利両氏は緊密な連絡を取り合っていたということになる。

二段階の蜂起

そして五月八日の生品明神における義貞の蜂起（足利一族の桃井氏の参陣）と五月十二日の千寿王の世良田蜂起（新田一族の世良田満義の参陣）の二段階があり、義貞が東山道を西進して上野中央部（八幡荘）に進出後、武蔵に進撃したのに対し、千寿王は四日後の五月十二日に世良田に蜂起し義貞軍の後を追った。この時点ではすでに上野中央部に進出する軍事的必要性は解消していたので、世良田の南で利根川を渡河したという選択肢も考えられる。そして、武蔵久米川《くめがわ》付近で義貞軍と合流したのである。

三浦義勝は高氏の一族

その後、分倍河原《ぶばいがわら》で一進一退の死闘を繰り返していた時に、相模の軍勢を率いて駆けつけた三浦大多和義勝《みうらおおたわよしかつ》は、足利氏直臣の高《こう》氏から三浦氏に養子に入った者で（足利市名草《なぐさ》清源寺《せいげんじ》蔵「高氏系図」）、彼は足利氏の出陣命令に応じたものであろう。新田軍に千寿王が加わることで新田・足利連合軍が成立し、その頃に六波羅陥落《かんらく》の情報も伝わるなどしてこの軍勢は一挙にふくれあがっていった。新田荘における時間差の二つの蜂起に象徴的に示されるように、鎌倉攻略は新田・足利連合軍の連携作戦によるものであり、まず新田が走り、足利がそれに追いつく展開となったのである。足利氏の参陣でその軍勢が雪だるま式に拡大され、鎌倉攻略を実現することができた点で、千寿王の世良田蜂起の意味は大きい。このように考えると、幕府滅亡後の鎌倉における足利・新田の主導権争いや建武政府崩壊後の南北朝内乱における新田一族の分裂、すなわち岩松氏や世良田氏などが足利氏に帰属する理由が理解できるのである。

連携作戦

5　鎌倉街道の攻防

義貞の鎌倉街道上ノ道進攻

新田義貞の軍勢は八幡荘から碓氷川・神流川《かんながわ》を越えて鎌倉街道（上《かみ》ノ道）を一挙に南下することになる。武蔵に至ると前記のように足利尊氏の子千寿王が紀五左衛門尉政綱に

宿営地

擁され二〇〇余騎を従えて参陣し、さらに上野・下野・上総・常陸・武蔵の兵が集結し、総勢二〇万七〇〇〇余騎にふくれ上がったという。この数値はかなりオーバーなものと思うが、それにしても相当な軍勢であったことは事実だろう。義貞は児玉《こだま》・菅谷《すがや》を経由して、世良田氏の所領将軍沢郷《しょうぐんざわ》（嵐山町）、笛吹峠《ふえふきとうげ》（鳩山村・嵐山町）を越えて入間川《いるまがわ》に着いた。この将軍沢郷が九日夜の宿営地と推定される。

幕府軍の構成

義貞蜂起の通報を受けた幕府の軍評定《いくさひょうじょう》は九日に行われた。その結果、十日には金沢《かねざわ》貞将《さだまさ》が上総・下総の軍勢を率いて下総の下河辺荘《しもこうべ》に赴き、新田軍の背後をつく態勢をとり、正面からは桜田貞国《さくらださだくに》を大将に、長崎高重《たかしげ》・同孫四郎左衛門・加治二郎左衛門入道を副将にして武蔵・上野の軍勢が鎌倉街道の上ノ道より入間川方面に出陣した。

小手指河原合戦

十日には入間川を隔てて両軍は対陣し、十一日辰の刻（朝八時前後）義貞軍は入間川を渡り、両軍は小手指河原《こてさしがわら》（所沢市《ところざわ》）で合戦した。三〇余度の戦闘で、義貞勢三〇〇〇余騎、鎌倉勢五〇〇余騎が討死して日没となり、両軍とも疲労して義貞は三里退き入間川に、鎌倉勢も三里退き久米川に陣をとった。

分倍・関戸河原合戦

翌十二日朝、義貞軍は久米川に押し寄せて、加治・長崎軍を撃破し、鎌倉勢は分倍河原に退いた。幕府は衰勢を挽回しようとして、新手の北条泰家《やすいえ》軍一〇万を投入、十五日

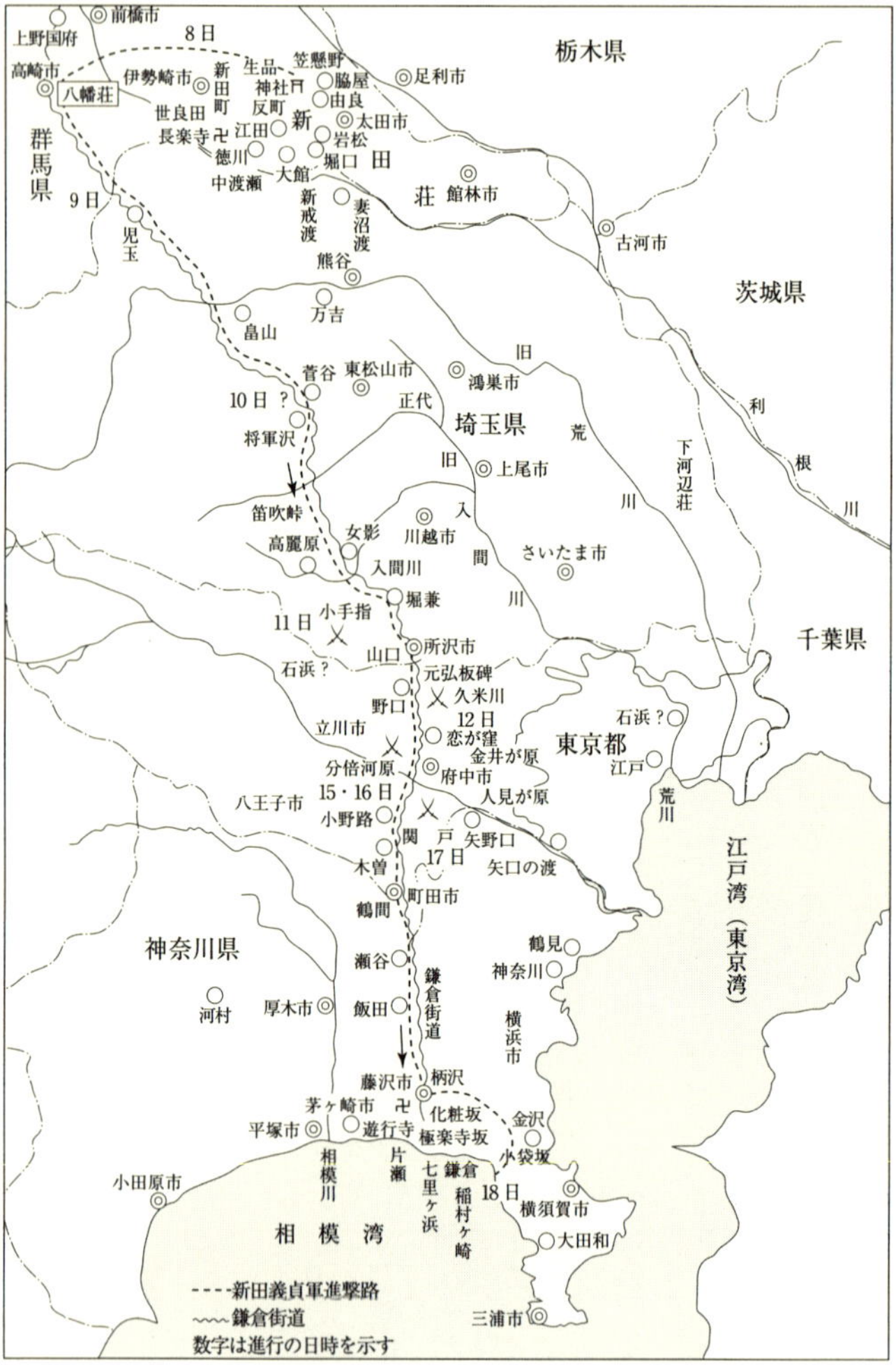

新田義貞鎌倉攻めの進路
（『新田義貞公根本史料』を補訂）

未明から多摩川《たまがわ》をはさんで分倍・関戸《せきど》河原（府中《ふちゅう》市・多摩市）の合戦が行われた。激戦の末に今度は義貞軍が敗れて、堀兼《ほりかね》（狭山《さやま》市）まで退却した。この合戦はいくつかの文書史料に記述されている。

市村代官後藤信明軍忠状

その一つの市村王石丸代後藤弥四郎信明軍忠状《ぐんちゅうじょう》（「由良文書」）によると、信濃佐久《さく》郡の市村（一村ともいう）王石丸の代官後藤信明は五月十一日に入間川陣に参陣し、十五日の分倍河原合戦で首一つを分捕っている。さらに十八日には鎌倉に突入し由比《ゆい》ヶ浜《はま》の前《まえ》浜一向堂《はまいっこうどう》前の戦闘で負傷している。このことを書きあげた軍忠状を提出し、幕府滅亡後の六月十四日、末尾に義貞の証判を得ている。このような軍忠状は何通か残されている。五月十六日に入間川陣から参加した常陸の塙政重《まさしげ》（「塙氏所蔵文書」）、同日に参加した熊谷《くまがい》直春《なおはる》らがおり、後者の場合は新田（岩松）遠江又五郎経政《とおとうみまたごろうつねまさ》の手に属して、鎌倉霊山寺《りょうぜんじ》の下で討死し、子息虎一丸《とらいちまる》が証判《しょうはん》を請求している（「熊谷家文書」）。

三浦大多和義勝ら相模勢の来援

分倍河原合戦の勝利

ところが、幕府軍が義貞軍への追撃をためらっている間に、十五日の晩、三浦大多和義勝が、相模の松田・河村・土肥《どい》・本間・渋谷氏らを引率して義貞の援軍として到着した。その勢は六〇〇〇〇余騎であったという。新手の援軍を得て勇み立った義貞軍は翌十六日未明に分倍河原に押し寄せ、幕府軍を急襲して北条泰家以下を敗走させた。泰家も関戸付近で命が危いところであったが安保道堪《あぼどうかん》らの奮戦（討死）で難を遁《のが》れた。勢いに乗った義貞軍は一気に鎌倉に押し寄せた。この二度の分倍河原合戦の勝敗は、その後の戦局に決定的な役割を与えた。

徳蔵寺の飽間氏供養板碑

現在東村山市野口《ひがしむらやましのぐち》（現諏訪町《すわちょう》）の徳蔵寺《とくぞうじ》にある次の板碑《いたび》は、この時の合戦の一端を示す重要史料である

飽間《あきま》斎藤三郎藤原盛貞《もりさだ》生年廿六　勧進《かんじん》玖阿□(弥)陀仏
於武州府中五月十五日令打死
元弘三年癸酉　五月十五日敬白
（光明真言《こうみょうしんごん》）
同孫七家行廿三同死　飽間孫三郎
宗長卅五　相州村岡十八日討死　執筆遍阿弥陀仏

板碑の大きさ

この板碑は、上部が欠損しているが、高さ一一〇センチ、幅四四センチ、厚さ五センチという大きなもので国の重要文化財に指定されている。これは狭山丘陵の東端、入間郡久米村（所沢市）の八国山《はちこくやま》丘陵の将軍塚《しょうぐんづか》（富士塚《ふじづか》ともいい浅間社《せんげんしゃ》を祀る）に建てられていたが、この地を

移建

管理する永春庵《えいしゅんあん》という寺庵が徳蔵寺の末寺であった関係で、江戸時代後期の文政《ぶんせい》年間（一八一八〜三〇）に徳蔵寺に移動されたと伝えられている。将軍塚は新田義貞が旗を立てた本

陣という伝承があり（以上、『新編《しんぺん》武蔵《むさし》風土記稿《ふどきこう》』）、その由緒の地に新田軍に加わって戦死を遂げた上野国碓氷郡の飽間（秋間）一族三名の菩提《ぼだい》を、同族出身と考えられる時衆《じしゅう》玖阿弥陀仏が建立《こんりゅう》供養したものである。また遍阿弥陀仏という時衆のみごとな筆跡を秩父《ちちぶ》長瀞《ながとろ》産の緑泥片岩《りょくでいへんがん》に刻みこんでいる。上部に光明真言の呪文が五行にわたって記され、建立年月日は飽間盛貞・同家行が死んだ五月十五日となっている。これは「府中において」となっているが、分倍は府中の町の名で、分倍河原はその西南に位置し、多摩川の渡河点であるので、新田軍の敗れた第一次分倍河原合戦で戦死したものである。もう一人の飽間宗長は、鎌倉へ突入する直前の村岡《むらおか》（藤沢《ふじさわ》市）で十八日に戦死している。いずれ

元弘３年の板碑（徳蔵寺蔵）

も、二十〜三十歳代の働き盛りの人たちで、その戦死で飽間一族は大きな打撃を受けたと思われる。

6　鎌倉落つ

鎌倉街道

合戦場からの敗報相次ぐ鎌倉からは、鎌倉周辺の上ノ道（武蔵路《むさしみち》）、中《なか》ノ道、下《しも》ノ道のそれぞれについて、武将を派遣して防衛に当らせた。鎌倉街道は、鎌倉を中心とした中

上ノ道

世の道で、西へ走る東海道《とうかいどう》を別にして、上・中・下の三道があり、上ノ道は仮粧坂《けわいざか》から柄沢《からさわ》を通って府中《ふちゅう》から上野に抜ける道で武蔵路ともいい、義貞軍の進路となった道で

中ノ道

ある。中ノ道は山内《やまのうち》・小袋谷《こぶくろがやつ》から荏田《えだ》を経て上ノ道と合流する。下ノ道は中ノ道と永《なが》

下ノ道

谷《や》で分岐して、弘明寺《ぐみょうじ》・丸子《まりこ》に至る。ここからは浅草《あさくさ》を通過して房総《ぼうそう》方面に行く道と、

街道の防衛

下野・陸奥《むつ》方面に向かう奥州《おうしゅう》・鎌倉街道とに分かれる。

鎌倉切通りの攻防

義貞は、分倍河原合戦の後、十七日は関戸（多摩市）に一日逗留《とうりゅう》して態勢を整えて鎌倉攻撃にとりかかる。軍団を三手に分け、一手は大館宗氏・江田行義を将として極楽寺《ごくらくじ》の切通しへ、一手は堀口貞満・大嶋讃岐守守之《おおしまさぬきのかみもりゆき》（義政《よしまさ》か）を将として小袋坂、もう一手は義貞・義助の本陣で、堀口・山名・岩松・大井田・桃井・里見・鳥山《とりやま》・額田《ごうだ》（戸）・一

井・羽川など仮粧坂へ向かった。十八日卯の刻（午前六時前後）に村岡・藤沢・片瀬・腰越・十間坂などの五十余ヵ所に放火し、三方から攻め立てた。幕府軍は、金沢貞将に安《あ》房《わ》・上総・下総・下野の軍勢を副えて仮粧坂を、大仏貞直《おさらぎさだなお》に甲斐・信濃・伊豆・駿河の軍勢を副えて極楽寺の切通しを、また、最後の執権北条（赤橋）守時に武蔵・相模・奥州の軍勢を副えて洲崎（鎌倉市の西北部山崎《やまざき》・寺分《てらぶん》の付近）を固めさせ、さらにどの方面へもかけつけられる援軍を鎌倉中に待機させた。

稲村ヶ崎の第一次突破の失敗

このようにして鎌倉攻防戦の幕は切って落とされた。十八日の晩までに、洲崎方面の戦闘は新田軍の優勢のうちに推移し、敗戦の中で北条守時は自害し、義貞は山内（北鎌倉）へ進撃した（『梅松論』『太平記』）。ところが極楽寺方面の戦闘（稲村ヶ崎の第一次突破）では、大将の大館宗氏が大仏貞直の配下の本間山城左衛門に討ち取られて新田軍は敗北した。義貞は二十一日この方面の応援にかけつけた。この時の情景は、

北ハ切通《キリドホシ》マデ山高ク路嶮《ミチケハシ》キニ、木戸ヲ誘《カマ》ヘ垣楯《カイダテ》ヲ掻《カイ》テ、数《ス》万ノ兵《ツハモノ》陣ヲ双《ナラ》ベテ並居《ナミヰ》タリ。南ハ稲村崎《イナムラガサキ》ニテ、沙頭《シヤトウ》（砂浜）路狭《ミチセバ》キニ、浪打涯《ナミウチギハ》マデ逆木《サカモギ》ヲ繁《シゲ》ク引懸《ヒキカケ》テ、澳《オキ》（沖）四、五町ガ程ニ大船共《タイセンドモ》ヲ並ベテ、矢倉《ヤグラ》ヲカキテ横矢《ヨコヤ》（側面から射る矢）ニ射サセント構《カマヘ》タリ。

（『太平記』巻十、「稲村崎干潟《ひがた》ト成ル事」）

稲村ヶ崎の逆茂木

構之太刀を海に投ずる

とあり、切通しの防備は厳重で稲村ヶ崎の断崖下の狭い通路（鎌倉へ入る裏道）も、逆茂木《さかもぎ》（鹿の角のように材木や樹枝を組み合わせたバリケード）で固め、海には舟を仕立てて、横矢で狙撃しようと構えており、万全の守備態勢となっていた。ここで有名な金《こがね》作りの太刀を海に投じて波を引かせる場面となる。すなわち、文部省唱歌「鎌倉」で「七里浜の磯づたい、稲村ヶ崎名将の剣投ぜし古戦場」と歌われる劇画的な場面である。

義貞馬ヨリ下給《オリタマヒ》テ、甲《カブト》ヲ脱《ヌイ》デ海上ヲ遥々《ハルバル》ト伏拝《フシオガ》ミ、龍神《リユウジン》ニ向《ムカツ》テ祈誓《キセイ》シ給《タマヒ》ケル。（中略）仰願《アフギネガハク》ハ内海《ナイカイ》外海《ゲカイ》ノ龍神八部《ブ》、臣ガ忠義ヲ鑑《カンガミ》テ、潮《ウシホ》ヲ万里ノ外《ホカ》ニ退《シリゾ》ケ、道ヲ三軍ノ陣ニ開《ヒラカ》シメ給ヘ、ト至信《シシン》ニ祈念《キネン》シ、自ラ佩《ハキ》給ヘル金作《コガネヅクリ》ノ太刀ヲ抜《ヌイ》テ、海中《ナカ》ヘ投給《ナゲタマヒ》ケリ。真《マコト》ニ龍神納受《ナフジユ》ヤシ給《タマヒ》ケン、其夜《ソノヨ》ノ月ノ入方《イリガタ》ニ、前々《サキザキ》更ニ干《ヒ》ル事モ無リケル稲村崎《イナムラガサキ》、俄《ニハカ》ニ二十余町干上《ヒアガツ》テ、平沙渺々《ヘイシヤベウベウ》タリ。横矢《ヨコヤ》射ント構《カマヘ》ヌル数《ス》千ノ兵船モ、落行潮《オチユクシホ》ニ誘《サソハ》レテ、遥《ハルカ》ノ澳《オキ》ニ漂《タダヨ》ヘリ。不思議ト云《イフ》モ類《タグヒ》ナシ。（『太平記』）

このようにして、義貞軍はこの奇瑞を勝利の前兆として、稲村ヶ崎の「遠干潟《とおひがた》」を一直線に鎌倉に向けて進撃したというのである。『梅松論』（京都大学本）も、

爰《ここ》ニ不思議ナリシ事ハ、稲村ガ崎ノ浪打際ハ、石高ク道ホソクシテ、人馬ノ進退難《なん》儀《ぎ》ノ所ニ、俄《にわか》ニ塩干テ合戦ノ間、併《あわせて》馬場ニナリキ。

第二次稲村ヶ崎の攻防

と記している。群書類従本では、この傍線の部分が「干潟にて有し事、かた〳〵仏神の加護とぞ人申ける」となっている。稲村ヶ崎の逆茂木に関しては、「大塚文書」元弘三年六月大塚員成《かずしげ》軍忠状に「五月十八日、新田宗氏殿御手に付き奉り、稲村崎において車逆茂木を打ち破り、合戦を致しおわんぬ」とあり、大舘宗氏の極楽寺方面の戦闘の際、すでに稲村ヶ崎の波打際の攻防戦が行われたことが確認される。その際にここを一時的に突破して侵入したが、大将の大舘宗氏は戦死し新田軍は敗走している。なお、この第一次稲村ヶ崎侵入については、「石川文書」元弘三年十月日、石川義光軍忠状に、「同十八日稲村崎散々合戦致すの時、左膝《ひざ》を射られおわんぬ」と記している。また、「天野《あまの》文書」元弘三年十二月日天野経顕《つねあき》軍忠状には、

　五月十八日経顕・経政《つねまさ》最前《さいぜん》片瀬《かたせ》原《はら》に馳参し、則《すなわ》ち此《こ》の御手に属し奉り、稲村崎の陣を懸破《かけやぶ》り、稲瀬川ならびに前浜《まえはま》鳥居《とりい》脇《わき》まで合戦の忠を致すのところ、若党犬《いぬ》居《い》左衛門五郎茂宗《しげむね》、小河《おがわ》彦七《ひこしち》安重《やすしげ》、中間《ちゅうげん》孫五郎・藤次男討死《うちじに》せしめおわんぬ。

と五月十八日の合戦状況を記している。一時侵入の新田軍を撃退した幕府軍は、侵入を許した失敗に学んで、急遽《きゅうきょ》稲村ヶ崎の防備をさらに厳重にして再度の侵入に備えたと思われる。

五月二十日夜半に義貞は稲村ヶ崎に至り、太刀を投じて龍神に祈誓したことになる。そして突入は二十一日未明と考えられる。この時の広大な干潟出現については、『太平記』『梅松論』以外の記録・文書には見られない。とりわけ、『太平記』は義貞の鎌倉攻めの叙述を劇的に盛り上げるための脚色を加えた可能性がある。

一般には義貞が干潮を利用して侵攻したと考えられており、天文学者小川清彦氏の調査では、当時の干潮は五月二十一日の午前四時十五分頃で、新田軍の突入はこの頃と推定している（藤田精一『新田氏研究』）。この推定は正しいと思う。

稲村ヶ崎（織田百合子氏撮影）

しかし、稲村ヶ崎の潮の干満は守備側の幕府軍にとっては周知のことに属すると思われる。したがって、当然干潮時に備えた手配はしていたはずである。御家人としてしばしば鎌倉に在留していた義貞も、この潮の干満は知っていたと考えるのが自然である。

稲村ヶ崎の干潟は干潮現象か

この時の干潟の出現は幕府方の予想を超えた大規模なものとなったのではないか。『太平記』の「前々更ニ干ル事モ無リケル稲村崎」という記述はまさにこのことを表わしていると思う。

『太平記』『梅松論』は「不思議」とか「神仏の加護」と述べているが、ここに何らかの突発的な自然現象、地殻変動や地震による更なる一時的退潮があったのではないか。元弘三年五月の時点の地震記録はないが、二年前の元弘元年に、諸国大地震があり、紀伊《きい》国では「千里浜《センリバマ》（日高《ひだか》郡南部《みなべ》町東岩代《ひがしいわしろ》・西岩代の海岸）ノ遠干潟《トホヒガタ》、俄ニ陸地《リクチ》ニナル事二十余町也」（『太平記』巻二「天下怪異事」）という事態が発生し、同月七日には再び地震で富士の絶頂が百丈にわたって崩落したという（以上、『太平記』『神明鏡』）。このような地震がおこり、一挙に稲村ヶ崎に干潮に加えて大規模な干潟が出現したということもありうる。当然その後に津波が押し寄せることになる。新田義貞の第二次稲村ヶ崎突破は、干潮を利用した未明の侵攻作戦に加えて、地震（海底地震）による一時的遠干潟の拡大が加わったとも考えられる。

若干気になるのは、『太平記』の紀伊の千里浜と稲村ヶ崎の場合の叙述が「二十余町」と一致している点で、紀伊の例を見聞している著者が、稲村ヶ崎突破の場面に利用して、義貞伝説を作り上げた可能性もないとはいえない。問題点を指摘して今後の検討に委ねたいと思う。なお、磯貝富士男氏は、この時は小氷期気候による海退の著しい時期に当るとしている（「海退と軍事史—新田義貞軍の鎌倉攻めとパリア海退—」）。注目に値する見解と思う。

鎌倉幕府の滅亡

稲村ヶ崎を突破した義貞軍は、稲瀬川付近の民家に火を放ち、由比ヶ浜一帯は激戦となった。最後に北条高時ら首脳部は葛西谷《かさいがやつ》の東勝寺《とうしょうじ》に楯籠もり防戦した。この間、長崎思元《しげん》父子、大仏貞直・金沢貞将らの奮戦があったが、退勢は挽回しえず二十二日高時以下一族二八三人は東勝寺境内の別邸でことごとく自害した。この場所は、近年発掘調査で明らかになった。このようにして、新田義貞は五月八日の挙兵以来、二週間にして鎌倉を攻略し、その目的を達成したのである。

義貞妻の一族安藤聖秀の最期

ここに一つの挿話《そうわ》が『太平記』に残されている。幕府方の安東左衛門入道聖秀《せいしゅう》は義貞妻の伯父であった。義貞妻は、助命のための義貞書状に自分の書状を副えて聖秀のもとに遣わした。戦闘最中にこの書状を使者から受け取った聖秀は、節を変えずにその助命を拒絶し使者の面前で自害して果てた。この聖秀は得宗被官として鎌倉時代末期に活躍する安東蓮聖《れんしょう》の一族である。

義貞の妻の出自

義貞の嫡妻は「鑁阿寺新田・足利両家系図」によると、

「上野国甘羅令《かんられい》安東左衛門五郎藤原重保女《しげやすむすめ》」とあり、「甘羅令」（甘楽郡地頭）である安東氏の出自であることがわかる。これによって、新田氏も得宗被官と深い関係を持っていたことが知られるのである。

二　建武政府を支えた新田一族

1　着到状と軍忠状

着到状・軍忠状

鎌倉陥落直後に、義貞らの新田軍団に提出された着到状《ちゃくとうじょう》・軍忠状一一点が今日に残されている。着到状とは、武士が参陣した時に侍大将《さむらいだいしょう》に提出する名簿で、その奥に大将の証判が据えられる（1〜3）。軍忠状は、合戦に参加した者が、馳参から合戦に及ぶ戦功の次第を書きつらねたもので大将に提出してその証判を得る。この両者の内容を合わせ持った着到・軍忠状ともいうべきものがほとんどである（4〜11）。ともに後日の恩賞として所領を請求する証拠とするものである。代表的な例を示し、その他とともに表2に記載する（番号は、表2の一貫番号に対応）。

表2　元弘三年六月〜十二月新田氏に提出された着到状・軍忠状

番号	月日	提出者	文書名	証判
1	六月七日	信濃国市河経助	市河文書	新田義貞
2	六月七日	信濃国市河助房代甥助泰	市河文書	新田義貞
3	六月十四日	常陸国税所久幹・幹国	税所文書	新田義貞
4	六月十四日	(信濃国)市村王石丸代後藤信明	由良文書	新田義貞
5	六月	常陸国塙政茂	塙文書	新田義貞
6	六月	(常陸国)大塚員成	大塚文書	(大館幸氏)
7	八月	信濃国布施資平	有浦文書	岩松経家
8	八月	武蔵国熊谷虎一丸	熊谷文書	岩松経政
9	十月	陸奥国石川義光	石川文書	大館氏明
10	十二月	(相模国)天野経顕	天野文書	大館氏明
11	欠	(武蔵国)三木俊連等	和田文書	(里見氏義)

2着到

信濃国志久見《しくみ》郷地頭《じとう》市河左衛門六郎経房代甥三郎助泰

市河助房代甥三郎助泰着到状

右、着到くだんの如し。
元弘三年六月七日
「承りおわんぬ（証判）（新田義貞）（花押）」

市村王石丸代着到状
義貞証判

4市村王石丸代後藤弥四郎信明、去る五月十一日御方に馳参し同十五日分倍原御合戦において、身命を捨つるによって頸《くび》壱つを分捕らしめ、則ち見参《げざん》に入れおわんぬ。同十八日前浜一向堂前において、散々《さんざん》責戦《せめいくさ》によって、左足股を切り破られおわんぬ。然れば早く御判《ごはん》を給わり、後代の亀《き》鏡《きょう》に備えんがため、よって目安くだんの如し。
元弘三年六月十四日
「承りおわんぬ（証判）（新田義貞）（花押）」

2は、信濃・越後の国境にある志久見郷の地頭の市河助房の代官として参陣した市河六郎助泰の着到状である（「市川文書」）。同日に、これとは別に市河左衛門十郎経助の着到状（1）も提出されているから、市河氏一族で参陣したことになる。奥（左）に新田義貞の証判が据えられている。4は、信濃国佐久郡の市村（一村）王石丸の代官後藤信明の着到・軍忠状で、五月十一日に入間川に参陣し、十五日の分倍河原合戦で首一つを分捕り、十八日には由比ヶ浜に突入し（第一次）、前浜一向堂前の戦場で負傷した。この経過を書きあげて幕府滅亡後の六月十四日に提出し、文書の奥に義貞の証判を得ている（「由良文書」）。このような着到・軍忠状は他にも何通か残されている。五月十六日に入間川陣から参加した常陸の5塙政茂《まさしげ》（「塙氏所蔵文書」）、同日に参加した8熊谷直春の場合がある。後者は新田（岩松）遠江又五郎経政の手に属して、鎌倉霊山寺の下で討死し、子息虎一丸が証判を請求している（「熊谷文書」）。このような着到状・軍忠状を分析することによって、軍団編成の在り方、合戦の状況などを知ることができる。表2でみると新田

大館幸氏証判

義貞の証判が1〜5の五点で多数を占める。6は案文で花押がないが、文中に「新田大館殿御手」と記され、続いて「新田大館孫二郎殿御手」に属して大塚員成が戦ったことが記されている。前者は大館宗氏で後者はその子幸氏《なりうじ》である。宗氏が第一次稲村ヶ崎突破で戦死した後は幸氏が指揮をとったものである。また文書の奥書に「この正文ハ、恩《おん》賞奉行《しょうぶぎょう》土佐守兼光許《かねみつのもと》へ、大将軍幸氏副注進上《そへちゅうしんのぼせ》おわんぬ」と記され、大将軍の大館幸氏が、正文を建武政府の恩賞奉行の許に送付したことが記されており、証判の主が大

大館氏明証判

岩松経家証判

岩松経政証判

新田氏義証判

軍団の構成

館幸氏であることは明らかである。

9・10は幸氏の弟の大館氏明である（藤田精一『新田氏研究』）。7には「大将軍新田兵部大輔（時に下野五郎殿）」とあり、すなわち岩松経家に提出したもので、この文書には、さらに一段下がって「清恵《せいえ》」という人物の花押がもう一つ据えられている。これは文中に出てくるもう一人の「侍大将岡部三郎《おかべさぶろう》」のものであろう。8は、証判に「義貞判」の付箋《ふせん》が貼られているが、花押は義貞のものでなく、軍忠状を提出している熊谷虎一丸の父能谷直春（戦死）が属した大将軍は「新田遠江又五郎経政」と記されていることから、証判の主は経政と考えてよいであろう。この経政は系図上にはみえないが、「遠江」は岩松系の受領《ずりょう》名なので岩松氏と考えられ、おそらく岩松経家の兄弟で、後に岩松頼宥《らいゆう》を名乗って足利方として活躍する人物と推定される。11は末尾欠損の断簡で年月および証判が不明であるが、この三木俊連《みつぎとしつれ》は武蔵国三木《みつぎ》村（狭山市三ッ木）の領主で、一族を率いて「大将軍新田蔵人七郎氏義《うじよし》」に属して鎌倉攻めに参加し、五月二十一日の霊山寺《りょうぜんじ》（稲村ヶ崎の東北の寺院）大門の合戦で活躍している。大将新田氏義の「蔵人」の官途名は、里見氏系に多いので、氏義は大井田氏に比定される。以上のように着到状・軍忠状の証判などから考えると、義貞軍団は義貞の本隊と大館宗氏軍を引き継いだ幸氏・氏明、岩松経家・経政、さらに里見（大井田）などの六軍団（まとめると新田義貞・岩松・里見の三軍団）に編成され、これに紀五左衛門尉に擁された足利千寿王（義詮）の足利軍がいたことになる。

軍忠状の役割

武士たちの参陣や軍功を書きたてた軍忠状は、統率者である大将の証判を得て、新たに成立した建武政府の恩賞奉行に提出され、恩賞授与の証拠書類となる。ところが6の大塚員成は、大館幸氏から証判をもらうと同時に足利氏にも提出し、証判を得ている。足利方に提出した軍忠状には、「若御料御座」（足利千寿王の出陣）を知って参陣し、大館幸氏に属して戦い、鎌倉占領後は足利氏の「二階堂《にかいどう》御所《ごしょ》後山《うしろやま》陣屋《じんしょ》」に勤仕したことが強調されている（「大塚文書」）。信濃の市河氏も、1・2の着到状を義貞に提出して証判をもらうと同時に、六月二十九日には足利方の「御奉行所」に着到状を提出し、尊氏の証判を得ている（「市河文書」）。

参陣した武士の思惑

このように鎌倉攻めに参加した各地の武士たちは、鎌倉征服後に新田と足利のどちらの側に属するのが得策であるかを配慮しているかがうかがえる。とりあえず両方から証判を得ておこうとする要領のよい者も現れている。建武政府内の武士の統轄者は、新田か足利か、鎌倉陥落の直後から両者の主導権争いが始まっているのである。

建武政府の樹立

元弘三年五月七日、足利尊氏は丹波国に蜂起して、五月七日に篠村八幡宮に願文を捧げ、その日のうちに京都の六波羅探題を攻略した。次いで五月二十二日義貞軍の攻撃によって鎌倉幕府は滅亡した。後醍醐天皇は反幕府諸勢力を結集することで権力を回復して、ここに建武政府が樹立された。鎌倉では幕府討滅の最大の功労者は新田義貞であるが、先に京都をおさえた足利尊氏に対する武士層の評価は高く、鎌倉においても新田軍に同行した尊氏子息千寿王の威勢は義貞を凌《しの》ぐほどであった。それは鎌倉攻めが新田・足利連合軍によるものであり、新田軍の中には岩松氏や桃井氏のように足利系の一族も抱え込んでいること、また三浦大多和義勝ら足利氏と関係深い相模武士の功績も大きいことなどが原因となっている。また、義貞は尊氏よりも五歳上（三十四歳）であったが、両者の地位は尊氏がすでに従五位上前治部大輔であるのに対し、義貞は家督《かとく》を継いだばかりの無位無冠《むいむかん》の小太郎にすぎなかったことにもよる。

足利氏の高い評価

陣所

義貞は、北条氏一門が自害した東勝寺の近くにある勝長寿院《しょうちょうじゅいん》（大御堂《おおみどう》）を陣所とし、部将の船田義昌は、鎌倉市中の残党狩りを行い、高時の子邦時を捕えて殺している（『太平記』）。一方、尊氏が二階堂の別当坊《べっとうぼう》を陣所にして新田氏と互いに勢力を競い合った。

足利・新田の対立

足利氏は細川和氏《ほそかわかずうじ》・頼春《よりはる》・師氏《もろうじ》の三兄弟を鎌倉に下向させてその指導体制を強化した

（『梅松論』）。一時は両者の対立が激化し合戦となる状況となったが、義貞は折れて対立を回避して六月中に上洛した。その結果、鎌倉は事実上足利氏の支配下に入り、幕府再興を目指すのに都合のよい地盤が形成された。

義貞の花押の変化

なお、義貞の花押は、この上洛を境にして元弘三年の六月から十二月の間に微妙な変化を遂げる。すなわち、底辺の中心部分が丸くするａ型から平らなｂ型に変わる。

新田義貞の花押
（ａからｂへ）

2　建武政府と新田一族

建武政府の政策

後醍醐天皇は「朕《ちん》ノ新儀《しんぎ》ハ未来ノ先例タルベシ」（『梅松論』）とか「延喜《えんぎ》・天暦《てんりやく》の治に還れ」（醍醐《だいご》・村上《むらかみ》天皇の治世への復帰）などの方針を打ち出して、鎌倉後期の公武連携の公家社会の先例・秩序を無視して新儀の積極的施策を行った。中国の宋朝官僚体制をモデルにして院政を廃止し、天皇親政のもとに太政官制《だいじようかんせい》を復活し、天皇に一元的に権力を集中させる政治体制を創出した。各国では知行国《ちぎようこく》制を廃止して国司制を復活し、守護は国司の下に置かれた。しかし、多くの国では国司制・守護の兼帯も多かった。

新機関の設置

また、荘園・公領の帰属を示す証拠文書の調査や一般訴訟も扱う記録所、討幕に参加した人々の恩賞を所管する恩賞方が設けられ、所領相論を処理する臨時法廷である雑訴《ざっそ》決断所《けつだんしょ》も置かれた。さらに皇居を警備する武者所《むしゃどころ》とこれと密接に関連する天皇親衛隊の窪所《くぼどころ》などが置かれた。陸奥守となった北畠顕家《あきいえ》は後醍醐天皇の皇子義良《のりよし》親王を鎮守府将軍に奉じて奥羽の支配を委任され、これにならって相模守足利直義《ただよし》は皇子成良《なりよし》親王を奉じてすでに足利氏の支配権が確立している鎌倉に下り、関東十ヵ国を管轄する鎌倉将軍府が成立した。また、遅れて懐良《かねよし》親王を九州に下して征西《せいせい》将軍とした。なお、元弘

改元

四年正月二十九日をもって建武《けんむ》と改元しているのでこれを「建武新政」「建武中興」などと称している。

建武政府のなかの新田一族

これらの政治機構の中で新田一族はどのような地位を占めたのであろうか。八月五日の論功行賞《ろんこうこうしょう》において、足利尊氏は従三位で武蔵・常陸・下総の国司となり、天皇の諱《いみな》の尊治《たかはる》の一字をもらって高氏から尊氏と改名した。弟直義は従四位で遠江、やがて相模の国司となった。これに対して義貞は従四位上に叙せられ、上野・越後・播磨《はりま》の国司と

新田一族の処遇

なり、長子義顕《よしあき》は従五位上で越後、弟義助は駿河《するが》の国司となり、新田一族は合わせて四ヵ国を管掌することとなった。しかし、義顕・義助の越後・駿河国司には疑問もある

（二―4）。その他、楠木正成に摂津・河内、名和長年《なわながとし》に因幡《いなば》・伯耆《ほうき》が与えられた（『太平記』）。

武者所

中央政府のなかでは恩賞方・記録所などに楠木正成・名和長年などが配されたのに対して、新田一族は武者所の中で地歩を占めている。武者所は皇居の警備を担当し、六番に分けて各番は九～一一人ごとに警護するものである。一番に新田越後守義顕・新田（一井）大蔵大輔貞政、二番に新田（堀口）左馬権頭《さまごんのかみ》貞義、三番に新田（江田）兵部少輔行義、五番に新田（脇谷）式部大夫義治（義助子）など五人が配され、貞政以外はそれぞれの番の頭人《とうにん》（責任者）となっている（「武者所結番定文《けちばんさだめぶみ》」『建武年間記《けんむねんかんき》』）。

岩松経家の地位

新田義貞以下一族に与えられた官職は、いずれも建武政府の論功行賞によるものである。一方、岩松兵部大輔経家は鎌倉将軍府を警備する関東廂番《かんとうひさしばん》の二番方頭人（六番編成、各番六～七人）となり、新田一族と分かれて鎌倉将軍府に勤仕している。なお、関東廂番の三番方に上野関係者としては那波左近大夫将監政家《まさいえ》の名がある（『建武年間記』）。新田一族が得た所領・所職などの恩賞についての全貌は史料がなく不明だが、新田軍団の侍大

恩賞

将として功績のあったこの岩松経家の場合は具体的に判明する。すなわち、元弘三年七月十九日付の二通の綸旨《りんじ》があり、一通は経家を飛騨《ひだ》国守護職に任命するもの、一通は北

条氏一門の所領であった伊勢《いせ》国笠間《かさま》荘、遠江国渋俣《しぶまた》郷・蒲御厨《かばのみくりや》・大池荘、駿河国大岡荘、甲斐《かい》国安村別符《べっぷ》、陸奥国泉荒田《いずみあらた》、出羽《でわ》国会津《あいづ》、播磨国福居《ふくい》荘、土佐国下中津山、などの地頭職を経家に与えるというものである（「由良文書」）。

綸旨

綸旨とは天皇の意志を蔵《くろ》人《うど》が奉じて出す文書で、後醍醐天皇はこの綸旨を大量に発給して権力を一元化して政治支配を行ったので「綸旨万能」の政治といわれ、当時の支配層は所領の確保のためにこの綸旨を希求していた。

建武政府の性格

建武政府は、得宗専制の鎌倉幕府打倒を目標に、後醍醐天皇を中心にして結びついた公家・武家・寺社の連合政権であった。それ故、幕府の復活を求める足利氏、これに対決しようとする皇子護良親王の勢力、武家の主導権をねらっての足利・新田両氏の対立などがあった。また、従来の公家の身分秩序を無視して人材登用をした後醍醐天皇の新政に不安を持つ摂関家などの有力公家の隠然たる抵抗勢力もあるなど、不安定要因は多様であった。護良親王は討幕の功績が多大で兵部卿《ひょうぶきょう》になっていたが、その過激な行動によって天皇から遠ざけられ、尊氏暗殺・反乱計画を理由に失脚し、囚人預置きの慣行によって鎌倉に護送され、やがて中先代の乱の時点で殺害される運命となった。

3　義貞の上野・越後支配

義貞支配の実態

上野国は鎌倉将軍として下向した成良親王の大守兼帯となっていたが、実質上は大介である新田義貞が支配した。元弘三年十月、陸奥の伊達《だて》氏の一族で常陸国伊佐《いさ》郡の伊達貞綱《さだつな》（孫三郎入道道西《どうさい》）は、上野国公田《くでん》郷（前橋市）の一分地頭職《いちぶじとうしき》について申状を上野国司に提出し、所領の安堵を請求している。貞綱は、おそらく上野の在地領主との婚姻関係を媒介にして流入したと思われる公田郷の一分地頭職（三分の一か）を相伝所領として持っていたが、内乱の過程で不知行化したのであろう。但馬《たじま》の合戦で千種忠顕《ちぐさただあき》に属して戦功を挙げ、七月二十六日に宣旨《せんじ》を得て、これをもとに上野国司新田義貞の安堵の国宣を求めている。義貞はこの申状の袖《そで》（右端の空白部分）に、

今年七月廿六日の宣旨に任せ、知行相違あるべからざるの状、国宣くだんの如し。

元弘三年十二月五日　源朝臣（新田義貞）（花押）

と外題《げだい》安堵の国宣を記入し、国司として貞綱の申請を認可している（「伊達文書」）。これと同じ文書は、「小林家文書」にもある。

（前欠）

相違なきの状、国宣くだんの如し。
建武元年三月十九日
源朝臣（花押）
上野国大塚郷地頭小林孫五郎重政《しげまさ》謹んで言上す
早く宣旨に任せ国宣を成し下され、知行を全うせんと欲する同国大塚郷ならびに中村田畠在家等地頭職の事
副進
一通　譲状案
右所々は、重政重代相伝の所帯なり。よって小林孫五郎重季《しげすえ》請文分明の上は、傍例に任せ安堵の国宣を下し給わり、永代の亀鏡に備え、当知行の所務を全うせんがため恐々言上くだんの如し。
建武元年三月　日

上野国緑野《みどの》郡大塚郷（藤岡《ふじおか》市）の地頭小林重政は、後醍醐天皇の宣旨を得て、義貞の国宣による所領安堵を請求し、義貞の証判を得ている。このように中央政府（天皇）の命令にもとづき関係者にその内容を執行するのが国司の役割である。

最近長野県で発見された文書（口絵参照）も、寺尾光業《てらおみつなり》という上野武士の所領安堵請求に対して文書の袖に新田義貞の国宣を記載して承認したものである。

今年七月廿六日の宣旨に任せ、知行相違あるべからざるの状、国宣くだんの如し。

元弘三年十二月十六日　　源朝臣（花押）

寺尾左衛門五郎光業謹んで言上す

早く安堵の国宣を充て賜り、後代の亀鏡に備えんと欲す上野国上野上郷内田在家并びに落合村田在家等地頭職の事

副進　二通　御下文并びに譲状

右田在家等においては、重代相伝の所領なり。すなわち彼の坪々、本屋敷田畠、稲《いな》荷塚田在家《りづかたざいけ》、源藤三入道《げんとうざにゅうどう》田在家、日越田目石《ひごしためいし》太郎次郎田在家、奥次郎入道田在家、山林これ在り、西平六郎次郎入道田在家、弥藤次《やとうじ》入道田在家、牛田《うした》村五郎三郎田在家、後藤三郎田在家、次いで落合村内左近入道田在家また田一町、堺手継御下《てつぎのおんくだし》文《ぶみ》・譲状等明白なり。然れば当知行相違なきの旨、存知の証人和田五郎請文を捧ぐるの上は、安堵の国宣を下し賜り、向後の亀鏡に備えんがため、恐々言上くだんの如し。

元弘三年十二月　日

寺尾光業の言上状

この言上状の作成者の寺尾光業は上野国八幡荘寺尾郷（高崎市寺尾）の在地武士で、「楠木合戦注文」に新田義貞などとともに「寺尾入道跡」と記載され、証人となって請文を提出した和田五郎も「和田五郎跡」（「跡」は子孫のこと）とあり、和田郷（高崎市）の武士である。光業の安堵請求の対象になった所領（田畠・在家・山林）のある上野上郷《うえのかみごう》は神流川西岸の本郷（藤岡市）地域と推定される。本郷には中郷・下郷の小字名があり、上・中・下が合わさって本郷となったと推定される。落合村は河道の変更で移動して現在は新町地先、牛田村は本郷の南の地域にある。これらの所領の安堵を建武政府に申請し、後醍醐天皇の宣旨を得て国司の新田義貞に申請してこの国宣の発給となったのである。なお、この文書は上野寺尾氏の子孫が後に信濃に移住して活躍し、信濃国にもたらされたものと推定されている（村石正行「寺尾氏の遺した文書一通」）。

所領給付手続きを示す文書

次の文書二通も、佐貫荘羽継郷《はねつぎ》（館林市羽附）に関する所領給付の手続きを示すものである（「別符文書」）。

①（端裏書）

「薄墨綸旨《うすずみ》」

上野国下佐貫内羽弥継刑部権大輔入道道隼跡、別府尾張権守幸時勲功の賞として知行せしむべしてへり。

天気かくの如し。これを悉《つく》せもって状す。

建武元年五月三日　式部大丞（花押）

②武蔵国別府尾張権守幸時《ゆきとき》申す、勲功の地上野国下佐貫内羽祢《はね》継《つぎ》刑部権大輔入道々隼跡事、綸旨・国宣即ち施行《しぎょう》の旨に任せ、今月廿五日彼の所に莅《のぞ》み、幸時代員忠《かずただ》に打渡しおわんぬ。よって状くだんの如し。

建武元年八月廿九日

兵庫助氏政（花押）

この所領は、幕府の官僚（引付衆）摂津《せっつ》親鑑《ちかもと》（刑部権大輔入道道隼）の旧領であったものを、鎌倉攻めの勲功の賞として北武蔵の別府幸時に与えたものであろう。まず綸旨①が出て、これを受けて国宣が発せられ、国司の命によって近隣の武士と考えられる兵庫助氏政が現地に臨んで、本人の代理人に所領を渡付する打ち渡し②を行っている。ここには義貞が発給した国宣の施行状《しぎょうじょう》そのものはないが、②のなかの記載でその存在が確認される。

長楽寺住持の補任

建武元年（一三三四）六月六日、義貞は上野国司として世良田長楽寺の住持雄峰奇英《ゆうほうきえい》の後任として東栄寺《とうえいじ》の鈍翁了愚《どんおうりょうぐ》を補任し、大胡《おおご》郷内野中村（前橋市）を了愚に与えている

補任状

（「長楽寺文書」）。

①上野国長楽寺々務事、先例に任せ住持せしめ給うべく候。謹言。

（建武元年）六月十日　　　　治部大輔（新田義貞）　（花押）

　東栄寺長老了愚上人

②□（上）野国大胡郷内野中村地頭職の事、長楽寺了愚上人禅庵に義貞寄進、聞《き》こし食《め》されおわんぬ。相違あるべからざるの由、綸旨かくの如し。早く沙汰し付けらるべきの旨、国宣候ところ也。よって執達くだんの如し。

　建武二年六月十九日

平　（花押）

源　（花押）

沙弥　（花押）

謹上　御目代殿

①はその補任状《ぶにんじょう》で、②はこの了愚に対して、義貞は大胡郷野中村を寄進し、これが綸旨によって承認された旨を国宣として上野国衙在庁の目代《もくだい》（代官）宛に指示している。義貞の意を受けて文書を発給している平・源・沙弥の三人は、氏名を特定することはで

きないが、義貞の家司《けいし》で義貞とともに在京して文書を発給し現地に伝達する役割をになったのである。このような経過でこの文書と所領は上野目代から長楽寺に交付されたものである。

京都での国務執行

以上述べたように、義貞は在京しながら国宣を発して上野国務の執行を行っていた。この場合、義貞の命令に従って上野国衙在庁を指揮して国務を遂行する現地の目代の氏名は明らかではないが、新田氏の一族・家臣が任命されていたことは間違いない。

越後国司としての支配

越後の国司は子息義顕となっているが（『太平記』）、残された文書史料によれば義貞となっている。越後の場合には、現地からの申状に対して、文書の袖に「今年～月～日宣旨に任せ、知行相違あるべからざるの状、国宣くだんの如し」という外題安堵形式の国宣が記される場合が多い。これらを表3に列挙する。これらは天皇の宣旨にもとづき、現地から上がってきた申状に外題の国宣として新田義貞が証判を押して所領を安堵するというものである。また、所領相論が起こった場合、雑訴決断所牒《ちょう》（判決）を新田義貞の国宣によって現地の目代および守護代に宛てて下達している場合が多い。建武二年七月十二日、奥山《おくやま》荘内中条地頭職について三浦和田茂継《しげつぐ》の知行を承認した雑訴決断所牒が、在京の越後国司新田義貞に伝えられ、義貞の意を受けて左衛門尉・源・沙弥の三奉行

国宣の宛先

（義貞の家司）の名で国宣を下し、越後国衙《こくが》にその執行を命令している。この場合、国宣は二通あり、一通は国司の現地代官である目代に、一通は「由良入道」に宛てられている。前者の目代の右脇には「船田入道」と朱書があり、義貞の直臣船田氏を示しているが、この朱書がいつ記されたか不明である。目代が船田氏である可能性は否定できない

表3 越後国における新田義貞外題安堵一覧

番号	申状の月	国宣の日付	所領	安堵先	文書名
1	元弘三年十一月	元弘三年十二月 十日	奥山荘内三ヵ村地頭職	三浦和田茂長女子平氏	三浦和田文書
2	同年 十月	同年 十二月十四日	小泉荘内色部条惣領職弁粟島地頭職	色部長倫	色部文書
3	同年 十二月	建武元年 二月十四日	奥山荘高野郷内田在家	三浦和田茂泰後家尼教意	中条文書
4	同年 十二月	同年 二月十四日	奥山荘中条内、加地荘古河条内田畠在家	三浦和田義成	中条文書
5	同年 十二月	同年 二月十四日	加地荘高浜条内田畠	佐々木加地章氏女子尼明泉	中条文書
6	同年 十二月	同年 三月十八日	加地荘荻曽条内田中村地頭職	佐々木加地八郎左衛門入道女子尼浄智	中条文書

建武政府の命令伝達経路

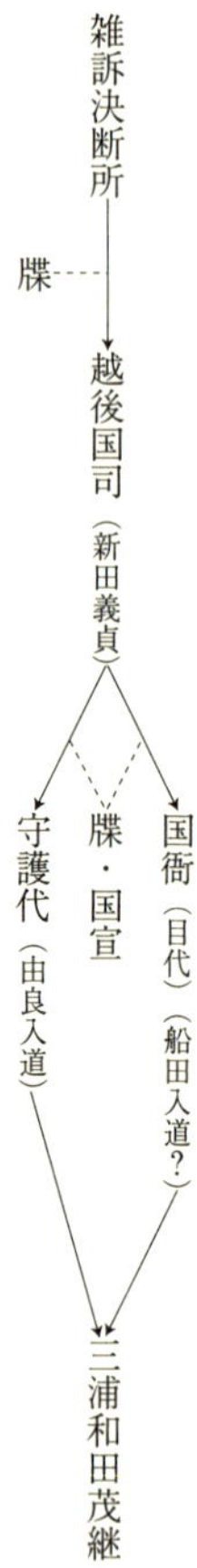

が、にわかに断定もできない。後者には同様に「守護代」との朱書がある。これも前同様に若干の疑問もあるが、牒の宛先に「越後国衙・守護」とあり、国衙（目代）ともに守護にも宛てられたことになっているので、由良入道は守護代である可能性は高い。

命令の伝達経路

そうするとこの命令は、図のような伝達経路で下達されたことになり、義貞は国司（大介）と守護を兼帯していたことは確実である。

4 新田氏の播磨・越前支配

義貞の播磨支配

義貞が播磨国司（大介）に就任したのは元弘三年十月である。翌十一月三日には、播磨国三方西荘《みかたにしのしょう》を京都の大徳寺《だいとくじ》に寄進し、十日には、この義貞の寄進を承認する後醍醐天皇の綸旨が下されている（「大徳寺文書」）。建武元年四月三日には、国宣を国衙留守所に発して、称名寺《しょうみょうじ》（正明寺）に対する武士などの乱入狼籍《ろうぜき》を禁止して寺領を安堵している

（「正明寺文書」）。また、建武二年三月十三日、播磨国一宮《いちのみや》の伊和社《いわしゃ》が鎌倉末期元亨年中の火災で焼失したことに対して、造営指示の国宣を下している（「伊和神社文書」）。この時、国宣を奉じた人物は義貞の家司と考えられる「沙弥宗円《そうえん》」であるが、その実名は不明である。さらに、建武二年五月二十日に播磨国松原八幡宮《まつばらはちまんぐう》別当の訴えにより周辺武士の所領略奪を停止し、所領を安堵する旨の雑訴決断所牒を国宣でもって新田氏の一族・家臣と想定される播磨国目代に下達している（「松原神社文書」）。当然、播磨国には京都にいる国司新田義貞の命を受けて、国支配に当たる責任者がいたのである。

備後山内首藤氏の所領譲渡

隣国の備後《びんご》国地毘荘《じびのしょう》の武士山内首藤通継《やまのうちすどうみちつぐ》は、建武二年十一月二十八日、実子がないため新田里見土用鶴丸《どようつるまる》を養子として、備後国津田《つだ》郷地頭職など四か所の所領を譲っている。ところが、土用鶴丸の実親は新田里見式部大輔義俊《よしとし》でその子土用鶴丸は他姓の孫に

系図3　山内首藤氏略系図

- 通継（土持丸　三郎／建武三年丙子正月卅日従尊氏戦死於三条河原）
  - 女（嫁新田里見式部大輔義俊）
  - ＝通知（土用鶴丸　兵庫允／実里見義俊子）
    - 男（若鶴丸／弟通知養子、実父不知）

当たるという。「山内首藤氏系図」によると、土用鶴丸（後の通知《みちとも》）は、通継の娘（里見義俊妻）の子であり、その血筋故に外孫を養子にして所領を譲っているのである。この義俊は、譲状の中で「当年六月中、播磨国府中において、命を堕《おと》されてより以来、養育せしむるところ也」と記され、播磨国府中で建武二年六月に没している。「命を堕され」という表現は病死というより合戦で討死したというニュアンスが強いが、その間の事情は全く不明である。そして、義俊没後、土用鶴丸は母方である山内首藤通継が引き取って養育していたというのである（「山内首藤文書」）。これによって里見義俊が播磨国府中（国衙）に在留していたことが明らかで、義俊はおそらく播磨国目代ないしそれに準ずる重要人物として、播磨における新田氏の支配権の行使に当たっていたと考えられる。

赤松円心の播磨守護職解任

播磨国では、西部にある佐用荘《さよのしょう》の地頭で、幕府討滅に活躍した赤松則村《あかまつのりむら》（円心《えんしん》）の勢力があり、円心は国司義貞のもとで播磨の守護に任ぜられていた。ところが、建武元年十月、護良《もりよし》親王の失脚に連座して、その守護職を解任されてしまった。このことに関しては後醍醐天皇の近臣万里小路藤房《までのこうじふじふさ》が、天皇を批判する条書の中で、次のように述べている。

後醍醐天皇に対する批判

高氏《タカウジ》・義貞《ヨシサダ》・正成《マサシゲ》・円心《エンシン》・長年《ナガトシ》（中略）其賞《ソノシヤウ》皆均《ヒトシク》、其爵是同《ソクシヤクコレオナジ》カルベキ処ニ、円心《エンシン》一人僅《ワヅカ》ニ本領一所《ホンリヤウイツショ》ノ安堵《アンド》ヲ全《マツタウ》シテ、守護恩補《シュゴオンフ》ノ国ヲ召返《メシカヘサ》ルル事、其咎《ソノトガ》ソモ何事ゾヤ。

すなわち、功績に比例しない恩賞の少なさと、その後の守護職没収に対して深く同情している。また、後の建武三年に新田義貞が赤松円心を攻めた時に、円心は、

所詮《ショセン》当国ノ守護職《シュゴシヨク》ヲダニ、綸旨《リンシ》ニ御辞状《ゴジジヨウ》ヲ副《ソヘ》テ下《クダ》シ給《タマハ》リ候ハヾ、元《モト》ノ如《ゴト》ク御方《ミカタ》ニ参《マヰツ》テ忠節ヲ致《イタス》ベキニテ候。　（以上、『太平記』）

と述べ、一時的方便にせよ守護職の還補を要請している。播磨国守護職の解任が、円心をして建武政府を離反した決定的要因であったことが理解できる。それ故、赤松氏は新田義貞の播磨支配には大きな障害となり、その支配を西から揺《ゆる》がせていった。建武二年六月に南北朝内乱の先駆けとして、前述の里見義俊死亡の背後に、この赤松円心の勢力があったことが推定されるのである。

義貞の越前支配

越前には新田一族の新田左馬権守が守護として配置されていた。鎌倉円覚寺《えんがくじ》領山本《やまもと》荘は、建武元年二月二十六日の綸旨、同二十八日の国宣にもかかわらず紀伊国出身の湯浅《ゆあさ》宗顕《むねあき》が押領《おうりよう》しており、円覚寺雑掌《ざつしよう》は守護の新田左馬権守に返還の処置をしてくれるように要請した。しかし、左馬権守は、雑訴決断所牒がなければ不可能であると返答した

ので、円覚寺は訴状を提出して、雑訴決断所牒が守護の許に下されている（「円覚寺文書」）。これらの文書に記された「越前国守護」「新田左馬権守」は、前述の武者所結番によって堀口貞義であることが判明する。貞義は越前守護（国司は不明）として中央政府の命令を執行していたのである。

駿河国司脇谷義助の謎

駿河では、義貞の弟脇谷義助が国司となったとされるが（『太平記』『異本元弘日記』）、義助が直接具体的な政務を行った史料は見いだせない。佐藤進一氏は、（年未詳、建武二年か）二月二十四日駿河目代宛下知状写（「久能寺文書」）と建武二年三月十七日足利尊氏氏御教書写（「薩藩旧記」）に両方に尊氏被官の島津実忠が奉者として記されていることから、足利尊氏を国司に比定している（『室町幕府守護制度の研究』上、『静岡県史』通史編中世）。脇屋義助から尊氏に変更になったのか、義助の補任が虚構なのか現時点では不明とせざるを得ない。

新田一族の権限の行使

以上、建武政府のもとで、短期間ではあるが、各地における新田一族の国司・守護の権限の行使をみてきた。国司・守護の補任は同時に所領などの給付を伴うものであるから、これらの諸国には新田一族の所領形成がある程度進められ、それらを足場にして新田義貞ら一族は内乱期に活動することになる。

三　転戦する義貞

1　義貞・尊氏の対立

中先代の乱

建武二年（一三三五）七月、信濃に潜伏していた高時の遺子北条時行（幼名熊寿丸《くまじゅまる》）は、諏訪頼重・三浦時継・蘆名盛員そして上野国の那波政家など幕府恩顧の諸将の支援を得て蜂起し、大軍を率いて上野・武蔵を経て鎌倉に攻め上ってきた。信濃守護小笠原貞宗の通報で、鎌倉将軍府の足利直義は武蔵での防戦を諸将に命じたが、渋川義季《よしすえ》・岩松経家《つねいえ》は女影原《おなかげはら》（埼玉県日高《ひだか》市）で、小山秀朝《ひでとも》は府中で、それぞれの迎撃戦で討死してしまった（『梅松論』『太平記』）。新田義貞とともに鎌倉攻めで戦功を立てて飛騨守護職となり、渋川義季らとともに関東廂番の一員であった岩松経家の生涯はここに幕を閉じた。

足利直義、護良親王を殺害

敗報相次ぐ鎌倉では、北条高時の二の舞を恐れて、足利直義・細川顕氏などは成良親王を奉じて鎌倉を脱出して東海道を西に逃れた。この折、直義は鎌倉に幽閉していた大《おお》塔宮護良《とうのみやもりよし》親王を敵の手に落ちるのを警戒して殺害してしまった。京都の足利尊氏は北条時行追討を後醍醐天皇に申し出て、征夷大将軍・総追捕使《そうついぶし》の職を望んだが許されず、八月二日には勅許《ちょっきょ》を持たず出陣した。天皇はやむなく尊氏を征東《せいとう》将軍として追認した。三河の矢作にて尊氏・直義兄弟は再会し、態勢を立て直して鎌倉へ進撃した（『梅松論』『保暦間記《ほうりゃくかんき》』『神皇正統記《じんのうしょうとうき》』）。次いで箱根の合戦で北条時行軍を撃破し、さらに時行を鎌倉から追い落とした。

中先代

北条高時の「先代《せんだい》」、足利尊氏の「当代《とうだい》」に対して二〇日間鎌倉の主となった時行をその中にはさまるということで「中先代《なかせんだい》」といい、この乱を中先代の乱と称している。

尊氏帰京命令拒否

　尊氏は後醍醐天皇の帰京命令に従わずその後も鎌倉に留まり、時行追討の恩賞を諸将に与えた。その折、新田義貞が国司となっている上野の守護に上杉憲房《のりふさ》を任命し、憲房は上野に下っていった（『梅松論』）。尊氏は天皇の帰京命令を拒否し、その理由に「公家ならびに義貞陰謀」を挙げ、鎌倉若宮小路の将軍家旧跡に御所《ごしょ》を造った。鎌倉は諸将の館が建ち並び、さながら幕府再興の様相となった（『梅松論』）。

軍勢催促

八月二十六日信濃では、北条時行残党の追討のため、義貞の武将堀口貞政が綸旨を奉じて軍勢催促を行っている（「反町英作氏所蔵村山文書」）。この時の貞政の地位は明らかではないが、おそらく守護として信濃に入部していたと考えられる。関東では上野・信濃において新田・足利両氏の対立が再開されようとしていた。

尊氏・義貞の奏上合戦

建武二年十月、尊氏は細川和氏を使者として新田義貞誅伐の奏状を朝廷に提出し、義貞を批難している。その内容とこれに対する義貞の反論は要約するとおよそ次のようなものになる（『太平記』）。

尊氏の論難

1尊氏が都に敵（北条氏）を追い払った時、義貞は幕府の使者を斬った罪を遁れるためにやむなく蜂起し、尊氏の六波羅制圧を知って朝敵追討の名目を掲げた。

2義貞は三度戦って勝利を摑めないでいる時、子息千寿王が下野（上野か）より蜂起し、これによって大軍が加わり幕府を倒すことができた。

3義貞は恩賞・官位を貪《むさぼ》り、尊氏が北条時行追討の苦労をしている時、策略をめぐらして朝廷内に佞臣《ねいしん》（義貞のこと）の讒言《ざんげん》を横行させている。このような義貞を放置しておくことは「大逆の基」であるので、義貞誅伐を行って欲しい。

義貞の反論

義貞はこれに即座に反論し尊氏・直義誅伐の奏状を提出している。

a尊氏は日和見《ひよりみ》で態度を決し難く、たまたま河内での名越高家《なごえたかいえ》の討死を契機に天皇方に寝返ったにすぎない。

b義貞が綸旨を奉じて上野に蜂起したのは、五月八日で、尊氏の六波羅攻めは七日のことである。六波羅の勝利を聞いて蜂起したというが、遠く隔たっている土地で何でそれを知り得ようか。また千寿王の参陣など取るに足らない。

c六波羅占領後、京都の「法禁《ほうきん》」を専断し、護良親王の従者を誅殺した。

d鎌倉将軍府の成良親王をないがしろにし、専横の無礼を働いている。

e中先代の乱の際、坂東八か国の管領を賜って、その後の勅裁《ちょくさい》を用いない。

f幕府討滅は護良親王の智謀によるところが大きいにもかかわらず、宿意を抱いた尊氏らは種々の讒言を構えて流刑《るけい》に陥し入れ、拘禁した後に親王を誅殺した。

以上の罪は天地の相容れざるものなので、尊氏・直義討伐の宣旨を下されたい。

両奏状の特徴

1・2に対する反論としてa・bが対置されている。両奏状とも政治的宣伝の文書であるから、互いに他を論難して相手の弱点を過度に浮き彫りにしている。しかし尊氏奏状が簡単で抽象的なものであるのに対して、それを読んだ上での反論ということもあって義貞奏状は具体的であり、流刑人といえども皇子である護良親王殺害問題（c・f）に焦点を合わせており、これは朝廷の中で十分説得力を持ったものであったと思われる。

尊氏奏状は、十月とあり、日付を欠くが、朝廷に届いたのは十月末ないし十一月初旬と考えられ、義貞奏状も日時を欠いているが、十一月初旬のものと思われる。この両奏状の扱いに朝廷は苦慮し、朝議において廷臣の多くが去就を決めかねて押し黙っているなかで、坊門清忠《ぼうもんきよただ》の次の発言があった。

坊門清忠の発言

義貞の指摘する八つの罪（八逆）は軽いものでなく、とりわけ護良親王殺害は、もし事実ならばこの一事でも罪責は免れ難い。それ故実否確認の上で尊氏の罪科を決定してはどうかと発言し、その日の議定は終わった。ところが、護良親王の死に立ち会った女房が鎌倉から戻って実情が明らかになり、また西国方面での足利氏の義貞誅伐軍勢催促状が、数十通披露されるに及んで朝議は一挙に尊氏追討に決定した（『太平記』）。

尊氏追討決定

軍勢催促状

この時に発給された足利氏の軍勢催促状（十一月二日付）は尊氏のものでなく鎌倉の足利直義の名で出されており、那須下野太郎（資家《すけいえ》）宛（「結城古文書写」）、諏訪部《すわべ》三郎（扶重《すけしげ》）宛（内閣文庫所蔵「諸家文書」）、渋谷新平二入道（重元《しげもと》）宛（「入来院《いりきいん》文書」）、宛先欠（「小早川《こばやかわ》文書」）などがある。この軍勢催促状は、かなり広範に発せられたものと思われる。先に述べた備後の山内首藤通継の譲状（建武二年十一月二十八日）には、「関東より将軍家御上洛の由承《うけたまわ》り及び、海道に馳参し戦場に向かうの上は……」と記されており、戦場に赴くのに際して、所領を養子土用鶴丸（里見義俊実子）に譲っている。この前提に、十一月二日の軍勢催促状が山内首藤通継にもたらされたものと考えてよい。また、信濃の市河氏にはこの命令によって守護の小笠原貞宗のもとに馳参した市河近宗《いちかわちかむね》の着到状がある（「市河文書」)。これは、足利直義の軍勢催促状によって守護小笠原貞宗のもとに馳参したものである。

尊氏の奏状

岩松経家への所領分配

足利尊氏の奏状は、単なる政治宣伝の文書ではなくて、具体的な新田義貞討伐を名目とした軍事動員を伴って行われたもので、足利氏の決断を示すものであった。しかし、軍勢催促状は直義の名で出されたもので、尊氏ではないのは、建武政府との対決に完全に踏み切っていないためであろう。この間、鎌倉に権力基盤を固めつつあった足利尊氏・直義は北条氏の遺領などを来属した諸士に分給していた。前述の上杉憲房の上野守護補任もその一環であるが、幕府滅亡後は足利氏と密着し、中先代の乱で討死した岩松経家の場合は次のようなものであった（「正木文書」）。

武蔵国内矢野伊賀入道善久《よしひさ》跡所領の事

合

一所　小泉郷男衾《おぶすま》郡内

一所　須江《すえ》郷比企《ひき》郡内

一所　片楊《かたやなぎ》郷内足立郡内

一所　久米宿在家六間多東《たとう》郡内

右、御下文幷《なら》びに御施行の旨に任せて、岩松兵部大輔経家跡御代官頼円《らいえん》・定順《じょうじゅん》等に打ち渡し候らいおわんぬ。よって渡状くだんの如し。

建武二年十一月九日　橘行貞在判

この「岩松兵部大輔経家跡」というのは、経家の後継者の子息岩松直国《ただくに》に当たる。直国はまだ幼く元服前なので、その代官として岩松氏の一族と考えられる頼円・定順に四ケ所の武蔵国の所領が打ち渡されている。前領主の矢野善久は旧鎌倉幕府の奉行人である。また、この文書の前提に足利尊氏の下文や施行状などが出され、その意を受けた武蔵武士と考えられる橘行貞がこれらの所領を渡付したのである。この所領は、中先代の乱で討死した岩松経家の戦功に対して与えられたものであるが、これから開始される南北朝内乱において岩松氏を足利方が味方に引きつける効力を持つものである。

2　南北朝内乱へ

足利尊氏・直義追討軍の下向

十一月八日に足利尊氏・直義追討の宣旨が下され、新田義貞は節度使《せつどし》（反乱鎮圧使）として錦旗《きんき》・節刀《せっとう》を給わり出陣する。追討軍は東海・東山二道に分かれて進撃した。東海道軍は新田義貞、脇屋義助・義治、堀口貞満などをはじめ綿打・里見・桃井・鳥山・細谷・大井田・羽川・大島・一井・田井（田部井）・金谷・籠沢《こもりざわ》などの面々が進み、また岩松民部大輔も参加している。この民部大輔は人物を特定できないが、岩松氏の一部が新田軍に加わっていることがわかる。これに船田・由良・長浜・山上などの新田氏家臣も加わっている。

他氏族では千葉貞胤・宇都宮公綱、武田・河越氏などの東国勢と、大友・大内・厚《こう》東《とう》・佐々木氏などの西国勢も加わり、六万七〇〇〇余騎と伝えている。東山道は、大智《だいち》院宮《いんのみや》などの皇族、洞院実世《とういんさねよ》などの公家までも参陣し、江田行義・大館氏義が侍大将となり、信濃国司堀川光継《みつつぐ》の軍勢も加わり、一万余騎が大井城（岐阜県恵那《えな》市大井町）を攻め落として大手の東海道軍の鎌倉進撃の指示を待ち受けていた（『太平記』）。

尊氏の戦意喪失

直義の出陣

鎌倉ではこの時、足利尊氏は戦意を全く喪失していた。新田軍の進攻を目前にして、後醍醐天皇に恩義を感じ、また護良親王の殺害について贖罪《しょくざい》などに思いを巡らし、抗戦をあきらめ出家遁世《とんせい》しようなどとも思い詰めていた。尊氏は躁鬱《そううつ》の気質を持っていたが、この時は全くの鬱状態であった。弟の直義は、やむなく上杉憲房・細川和氏・佐々木高氏（道誉《どうよ》）などと軍議を行い、伊豆・駿河での防衛を決意し尊氏を鎌倉に残したままで出陣した。足利軍は吉良《きら》・石堂《いしどう》・桃井・上杉・細川・畠山・斯波《しば》・仁木・今川・

高・南部《なんぶ》・大高氏などの一族家臣から成り、この中に岩松禅師頼宥もいた。頼宥は、経家没後に直国と並ぶ岩松氏の武将である。外様《とざま》大名としては、小山・佐々木・三浦・土《と》岐《き》・宇都宮・佐竹・小田・武田・河越氏などに武蔵七党《しちとう》が加わり、二万余騎で十一月二十日に鎌倉を出発し、二十四日には三河の矢作《やはぎ》宿に着陣している（『太平記』）。この時十一月二十二日には尊氏・直義追討の綸旨が諸国に発せられ、鎌倉攻めの出陣が命ぜられている（「松浦《まつら》文書」「阿蘇《あそ》文書」「鞍馬寺《くらまでら》文書」など）。

矢作川の合戦

義貞を総大将とする追討軍は十一月二十五日に矢作川を挟んで足利軍と対陣し、やがて足利軍の渡河作戦が開始されたが、西岸で撃破されて敗走した。義貞軍はこれを追って遠江国府や駿河の手越《てごし》河原などで合戦が行われ、足利軍は連続して敗北を重ね、箱根の防衛線まで引き退いた（「多田院《ただのいん》文書」、『梅松論』）。直義や仁木・細川・高氏などが防御の陣を敷いたのは、箱根の「水のみ（水呑）」であった。

尊氏の出陣

この頃、鎌倉にいた尊氏は出家を思い立ち、すでに髪の元結《もとゆい》を切り、法体《ほったい》（僧の頭）になる直前であった。直義らは尊氏・直義追討の偽綸旨を作成して尊氏に見せ、たとえ遁世しても勅勘《ちょっかん》は免れ難いことを説いて翻意させ、「一束切《いっそくぎり》」というざんばら髪のままで出陣を決意させたという。尊氏は、軍勢を集めて鎌倉から箱根竹ノ下に出陣し、ここの戦闘で脇屋義助軍を撃破した。一方、

義貞は退陣の際船橋を切り落さず

水呑《みずのみ》攻撃の義貞軍は優利な戦いを展開していたが、義助軍の敗報を聞いて大雨の中を引き退き、結局十二月十三日義助軍とともに敗走することとなった（『太平記』『梅松論』『源威《げんい》集《しゅう》』）。敗走の途中、天竜川《てんりゅうがわ》の舟渡しで全軍渡河の後、家臣が敵の追撃を阻止するため舟橋を切り落とそうとした。しかし、義貞はこれを制止し、「橋を切り落としたところで勝ちに乗って追撃する鎌倉軍が、架橋するのに時間はかからない。橋を切り落として慌てふためいて逃げたとあっては末代の恥辱」と言い、舟橋をそのままにして帰京したことが世間の賞讃を浴びたという（『梅松論』）。

京都の争奪戦

十二月二十七日、敗走する新田軍を追って、足利尊氏は上洛を決意し諸国に軍勢動員を命じている。この命令は、若狭国の本郷氏（「本郷文書」）、安芸《あき》国三入荘《みるのしょう》の熊谷氏（「熊谷家文書」）に与えたものが残されている。またこれに先立って十二月二十三日・二十六日の両日、九州の地頭御家人に向けて動員令を発しており、この文書は大量に残されている。関東からの尊氏の上洛に伴い、西からも軍勢を動員して京都包囲大作戦を行い、後醍醐天皇の建武政府を軍事的・政治的に崩壊させようとした。

建武三年京都・近江をめぐって天皇方と足利方の激烈な合戦が行われる。この経過を、新田氏の動向に注目しながら追うと次のようになる。

尊氏軍の入京

建武三年の京都合戦の死闘は、一〜二月における前半の勝利と五〜八月における後半の敗北の二段階に分かれる。一月に関東から尊氏軍、中国・四国から細川定禅軍が京都に迫り、後醍醐天皇方は瀬田・宇治（千種・名和・結城・楠木軍）や大渡・山崎（新田軍）で防衛線を敷いたが突破されて尊氏の入京を許してしまう。天皇は京都を脱出し東坂本に逃れる。新田一族の大館幸氏は近江観音寺城で討死する。

尊氏の九州敗走

ところが奥州から北畠顕家軍が大挙上洛して足利方の拠点園城寺を義貞とともに攻め落とす。この戦闘で義貞は家臣の船田義昌・大館左近蔵人・由良左衛門尉を失う。一進一退の戦闘の末に糺河原の戦で勝利し、尊氏は丹波に敗走して、天皇は京都を回復した。さらに反攻を企てる尊氏軍を二月一一日豊島河原に破り、兵庫から九州に敗走させた。その直後に義貞は、吉川辰熊に足利氏の没落を報じ、軍勢催促を行っている（「吉川家文書」）。

室泊の軍議

この途中の室泊《むろどまり》で尊氏は光厳院より義貞追討の院宣を得て諸国に軍勢動員の命令を発し、二月一二日軍議を開いて中国・四国地方の侍大将と守護の配置を次のように決定した（室泊の軍議）。

（四国）　細川和氏・頼春・師氏・顕氏・定禅

（播磨）赤松則村（円心）
（備前）石橋和義・松田（盛朝）一族
（備中）今川顕氏・貞国
（安芸）桃井盛義・小早川一族
（周防）大島義政（大将）・大内長弘（守護）
（長門）斯波高経（大将）・厚東武実（守護）

義貞の瘧病

この配置は、その後の西国における足利氏の軍事的基盤となった。九州に下向した尊氏は多々良浜で肥後の菊池武敏を破り、上洛の機会をうかがっていた。北畠顕家は義良親王を擁して陸奥に帰ったが、義貞はこの時は瘧病《おこりびょう》（マラリア性の熱病）を得て播磨の赤松攻めには代わって江田行義・大館氏明が先発していた。また勾当内侍（世尊寺経伊女）を妻として溺愛し戦機を逸したと批判されている。

義貞の相次ぐ敗走

やがて、三月末に義貞は出陣して赤松の白旗城を囲み有利な展開になった時、危急を聞いた尊氏は四月三日に博多から発向して救援し、五月には義貞は白旗城の囲みを解いて播磨からの撤退を余儀なくされた。尊氏・直義は水・陸二手に分かれて兵庫に迫り、湊川の合戦で楠木正成は討死し、義貞は京都に敗走した。尊氏は入京し、天皇は叡山に逃れて再び近江・京都北部を戦場として激しい合戦が六～八月に行われた。最終的には天皇方拠点の阿弥陀峯が陥落して足利方の勝利となり、義貞軍は叡山に楯籠もるのみとなった。

このようにして、建武三年の死闘は天皇方の敗北で閉幕する。ここにおいて、義貞は有力家臣の船田義昌・由良左衛門尉らを失い、敗軍の将として新天地を求めて越前に下向する。なお、この京都争奪戦で、岩松直国は尊氏の指揮下で活躍している（「正木文書」）。

足利軍のなかの岩松直国

美濃・尾張・伊賀・伊勢・志摩・近江国軍勢等の事、東坂本へ馳向うべきの旨、先立って仰せられ候といえども、西坂本合戦最中なり。随って勢多河を渡らしめ、人数を分かち時刻を廻らせず、重ねて京都陣を催すべきの状、くだんの如し。

建武三年六月九日　　　　　　直義《足利》（花押）

岩松三郎《直国》殿

これは六月段階の決戦の局面で、足利方は坂本攻めの軍勢動員を行ったところ、天皇方の京都を衝く出撃にあい、急いで京都防衛の軍勢配置に転換していることを示している。新田・岩松両軍が互いに敵味方に分かれて戦場で遭遇する場面があったと想定される。

二つ引両と大中黒

これに先行して二月十一日の摂津国豊島河原《てしまがわら》・打出《うちで》の合戦では天皇方が勝利し、足利軍を追い落とされた。その時の降参人一万余が、足利氏の笠印《かさじるし》である二《ふた》つ引両《ひきりょう》の二本線の中の白い部分を墨で塗りつぶして、新田氏の大中黒《おおなかぐろ》の家紋に変えていたという。塗りつぶした墨の濃淡がまだ透けて見えていて、それを皮肉った高札《こうさつ》が五条の辻《つじ》に立てられ、一首の歌が記された（『太平記』）。

二筋《フタスジ》ノ中ノ白ミヲ塗隠《ヌリカク》シ　新田《ニタ》々々シゲナ笠符哉《カサジルシカナ》

新田を「似た」にかけて無節操な兵卒の状況を風刺《ふうし》している。新田も足利も先祖の源義国《よしくに》から分岐したものである故、家紋が横に一本線（大中黒）と二本線（二つ引両）の類似したもので、後者の中白を塗りつぶせは前者に転換できたのである。

3　義貞と正成

『太平記』と『梅松論』

南北朝内乱史を叙述した軍記物語に『太平記』と『梅松論』がある。前者の成立が応《おう》安《あん》四年（一三七一）頃とされるのに対し、後者は貞和《じょうわ》五年（一三四九）頃の著作であり、前者よりもその成立が古くその信頼度はより高いとされているが、叙述の量が圧倒的に少ない。

正成の和平献策

前者がどちらかといえば南朝方に同情的・好意的な立場をとるのに対して、後者はより足利方の立場をとるといわれている。この他、『太平記』の記述に反論するために書かれた今川了俊《いまがわりようしゆん》の『難太平記《なんたいへいき》』もある。

『太平記』と『梅松論』で若干異なった表現となっているのが、楠木正成が湊川《みなとがわ》合戦に向かう段階での発言である。『梅松論』は、足利尊氏の九州落ちの際に正成が和平の献策をしたと記している。すなわち、二月十一日天皇方が尊氏を追い落とし、京都回復の勝利を喜んでいるなかで正成は、ここが和平の好機と踏んで「義貞を誅伐せられて、尊氏卿をめしかえされて、君臣和睦候へかし、御使にをいては正成仕らむ」と奏聞《そうもん》している。その理由に北条氏の滅亡は尊氏に負うところが大きく、天下の諸侍の多くが敗軍の将尊氏に属して九州に随行していることを挙げ、これは義貞に徳がないからだと手厳しく批判している。そして再び尊氏が攻め上ってきた時は防戦の手段がないとも断言している。しかし、この献策は受け入れられず、諸人の「嘲哢《ちようろう》」を受け却下されてしまった。その文脈で、尊氏迎撃戦は、「君の戦必破るべし」と述べ、その理由に元弘の蜂起の時と異なり、人心が後醍醐天皇を離れていることを指摘している。そして、その献策が受容されない以上は「正成存命無益」として死を覚悟して戦場に臨んだというのである。

　この正成の献策の真偽は、他の史料で確認することはできないが、長年畿内での悪党的ゲリラ活動で鍛えられ、策謀家として情勢を洞察する能力を持った正成の発言としては肯ずけることだと思う。この記述でみる限り、正成の総大将義貞に対する評価は残念ながら低い。

　一方、『太平記』は次のように記している。兵庫の義貞に合力して合戦せよと命ぜられた正成が、合戦敗北は必定であるので、むしろ義貞を召還して、天皇は義貞とともに以前のように比叡山に臨幸し、正成が河尻《かわじり》（淀川《よどがわ》の河口）を抑え、両方で入京の足利軍を挟撃すべきである。義貞もこのように思っているに違いないが、一戦もせずに引き揚げることに対する非難を恐れて、兵庫での防戦を主張しているのであろうと述べている。ここには知睦の献策はなく、戦術上の提案だけになっている。しかし、この正成の献策は、

　征罰ノ為ニ差下《サシクダ》サレタル節度使《セツドシ》（この場合は義貞）、未《イマダ》戦《タタカヒ》ヲ成《ナサ》ザル前《サキ》ニ、帝都ヲ捨《ステ》テ、一年ノ内ニ二度マデ山門ヘ臨幸ナラン事、且《カツウ》ハ帝位ヲ軽《カロン》ズルニ似《ニタ》リ、又ハ官軍ノ道ヲ失《ウシナウ》処也。

という坊門清忠の名分論《めいぶんろん》に遮《さえ》ぎられて却下され、正成は死を決して兵庫に下る。その折、かつての国史教科書で強調され、文部省唱歌になった子息正行《まさつら》との「桜井の別れ」の場面となり、正成は、自分の死後には足利氏の天下になることを予言し、「一旦《タン》ノ身命ヲ助カラン為ニ、多年ノ忠烈ヲ失《ウシナヒ》テ降人ニ出《イヅ》ル事有《アル》ベカラズ」との言葉を遺して戦場に赴くのである。

正成と義貞の会見

兵庫で正成は義貞と会見して朝廷における論議の経過説明をする。これに対して義貞は、「誠ニ敗軍ノ小勢ヲ以テ、機ヲ得タル大敵ニ戦ハン事叶フベキニテハナケレ共」と前置きし、竹ノ下合戦の敗北や今度の中国地方遠征で城一つ落とせなかったことを述べ、今度の大軍襲来に「一支《ひとささえ》」もせずに引き退いたとあってはあまりにも情けないので、勝敗は度外視して一戦を交えたいと述べている。これに対して正成は、義貞を慰めて、人の誹《そし》りを気にせず戦うべきところをみて進み、叶うまじき時を知って退くことこそ良将のなすべきことで、北条高時を滅ぼし、尊氏を九州に追い落としたことは義貞の武徳によることであるから、合戦のことは誰が侮《あなど》り申そうか、と述べている。

義貞の心情の吐露

この会話の中に、義貞の心情が吐露《とろ》されているように思う。義貞は、鎌倉攻めの栄光によって尊氏に対決する天皇方の総大将という過大な重荷を背負わされて、常に世間の評判を気にせざるを得ず、その後の活躍が芳《かんば》しくないことを気に懸けている。とりわけ、中国遠征の失敗は骨身に応えている。すなわち、勾当内侍《こうとうのないし》との愛に溺れ、また病気となって出陣が遅れたうえに、出陣後も赤松則村（円心）の楯籠もる白旗《しらはた》城攻めでは、その降参を信じていたずらに時間稼ぎをされ、尊氏の反攻を有利にさせたことで強い自省の念に取りつかれている。正成はこのような義貞の心情を理解してこれを慰め、義貞の気持をやんわりと解きほぐしている。ここには『梅松論』のマキャベリスト正成の姿はない。しかし、「人口ノ嘲《あざけり》」のみを気にして一戦せざるを得ないという義貞の心情に同情すると同時に落胆もし、正成は敗戦と死の予感をさらに深めたものと思う。

4　義貞の越前下向

後醍醐天皇の裏切り

湊川合戦の敗北、そして足利氏の京都回復、さらにその奪回作戦が失敗に帰した時、義貞にとってさらに悲運が待っていた。足利尊氏の和平工作が隠密裏に企画され、後醍醐天皇の周辺にはこれに応ずる動きがあり、新田氏切り捨て策とともに着々と進行していた。講和条件の内容は不明だが、佐藤進一氏は、この交渉は足利直義の主導で進められ、後醍醐天皇と光厳《こうごん》上皇が和睦し、光明《こうみょう》天皇（豊仁《ゆたひと》親王）が正式の天皇として認められ、皇太子には後醍醐天皇の皇子成良親王を立て、大覚寺《だいかくじ》・持明院《じみょういん》両統迭立《てつりつ》（交互に皇位に就く）の状態に戻すこと、と推定している（『南北朝の動乱』）。

尊氏は大乱発生の経過に触れ、「義貞ガ一類を亡《ホロボ》シテ向後《キヤウコウ》ノ讒臣《ざんしん》ヲコラサント存ズル」ことから起こったもので、天皇に敵対する意志のなかったことを述べ、京都還幸の暁《あかつき》には、供奉《ぐぶ》の諸卿、降参の輩《やから》には官職や所領を復活し、政権を公家に返還するという起請文《きしょうもん》を差し出している（『太平記』）。後醍醐天皇の京都帰還の決断を知り、帰参の意志のある者はすでに戦陣を離脱して、今路《いまみち》・西坂本付近に帰京を待ちうけている状況であった。帰参者の中に新田一族の江田行義・大館氏明も含まれていた。それ故、両人は下山する天皇に供奉するため、比叡山上の根本中堂《こんぽんちゅうどう》に上がってきていた。すでに天皇方の陣営には厭戦《えんせん》気分がみなぎっていたと思われる。この計画は総大将の義貞には何も告知されていなかった。洞院実世から事情を知らされてもすぐには信じられないほどであった。

貞満の怒り

堀口貞満がこれを聞いて、江田・大館の登山に不信を抱いていた矢先であったので、比叡山の内裏《だいり》に急いで赴いたところ天皇はすでに出発直前であった。貞満は鳳輦《ほうれん》（天皇の乗る車）の轅《ながえ》（牛馬に引かせる棒）に取りすがって、涙を流して怒りを次のようにぶちまける（『太平記』）。

還幸ノ事、児如《ジジョ》（女）ノ説幽《セツカスカ》ニ耳ニ触候《フレサフラヒ》ツレ共、義貞存知仕ラヌ由ヲ申候《マウシサフラヒ》ツル間、伝説《デンセツ》ノ誤《アヤマリ》カト存《ゾンジ》テ候へバ、事ノ儀式早《ギシキハヤ》誠ニテ候《サフラヒ》ケル。抑《ソモソモ》義貞ガ不義《フギ》何事ニテ候へバ、多年ノ粉骨《フンコツ》忠功ヲ思召捨《オボシメシステ》ラレテ、大逆《タイギヤク》無道《ブドウ》ノ尊氏ニ叡慮ヲ移《ウツ》サレ候《サフラヒ》ケルゾヤ。去《サンヌル》元弘ノ始《ハジメ》、義貞不肖《フセウ》ノ身也トイへ共、恭《カタジケナ》クモ綸旨《リンシ》ヲ蒙《カウムツ》テ関東ノ大敵ヲ数日《スジツ》ノ内ニ亡《ホロボ》シ、海西ノ宸襟《シンキン》ヲ三年ノ間ニ休《ヤス》メ進《マキラ》セ候《サフラヒ》シ事、恐《オソラク》ハ上古ノ忠臣ニモ類《タグヒ》少ク、近日義卒《ギソツ》モ皆功ヲ譲《ユヅ》ル処ニテ候《サフラヒ》キ。其《ソノ》尊氏ガ反逆《ホンギヤク》顕《アラハレ》シヨリ以来《コノカタ》、大軍ヲ靡《ナビカ》シテ其《ソノ》師《イクサ》ヲ虜《トリコ》ニシ、万死ヲ出《イデ》テ一生ニ逢《アフ》コト勝計《アゲテカゾフ》ルニ遑《イトマ》アラズ。サレバ義ヲ重《オモン》ジテ命《メイ》ヲ堕《オト》ス一族百三十二人、節《セツ》ニ臨《ノゾン》デ尸《カバネ》ヲ曝《サラ》ス郎従《ラウジユウ》八千余人也。然共《シカレドモ》今洛中《ラクチユウ》数箇度《スカド》ノ戦《タタカヒ》ニ、朝敵勢盛《サカン》ニシテ官軍頻《シキリ》ニ利ヲ失《ウシナヒ》候事、全《マツタク》戦ノ咎《トガ》ニ非ズ、只帝徳《テイトク》ノ欠《カク》ル処ニ候歟《カ》。仍《ヨツテ》御方《ミカタ》ニ参ル勢ノ少キ故ニテ候ハズヤ。詮《セン》ズル処当家累年《ルイネン》ノ忠義ヲ捨《ステ》ラレテ、京都へ臨幸成べクニテ候ハゞ、只義貞ヲ始《ハジメ》トシテ当家ノ氏族五十余人ヲ御前へ召出《メシイダサ》レ首ヲ刎《ハネ》テ伍子胥《ゴシシヨ》ガ罪ニ比《ヒシ》、胸ヲ割《サイ》テ比干《ヒカン》ガ刑ニ処セラレ候べシト、忿《イカレ》ル面《オモテ》ニ泪《ナミダ》ヲ流シ、理《リ》ヲ砕《クダイ》テ申《マウシ》ケレバ、君モ御誤《アヤマリ》ヲ悔《クイ》サセ給ヘル御気色《キショク》ニナリ、供奉ノ人々モ皆理《リ》ニ服《フク》シ義ヲ感ジテ、首《カウベ》ヲ低《タレ》テゾ坐《オハセ》ラレケル。

貞満の憤怒は、義貞に知らせることなく義貞を捨てて尊氏に気持を移す天皇の無節操さに向けられた。鎌倉幕府討滅以来、一族の戦死者一三二人、郎従《ろうじゅう》の戦死者八〇〇〇余人という新田一族の忠節を述べ、この努力にもかかわらず敵の勢いが盛んで味方が奮わない理由は、天皇の徳の不足と激しく批判する。そして、新田一族を捨てて京都へ帰還するというならば、一族五十余人の首を刎《はね》ろと迫る。まことに迫力のある抗議である。もちろん「伍子胥ガ罪」とか「比干ガ刑」という中国古典の引用などは『太平記』の筆者の脚色であろうが、貞満の言は事態に対する新田一族の怒りを代表して爆発させたものといってよい。

義貞の逆手取り

間もなく義貞ら三〇〇〇余騎もその場に駆け付け、天皇らは取り囲まれて身動きが取れなくなった。この騒動について海津一朗氏は、天皇に対する一種のクーデタの可能性を指摘している（「新田義貞の蜂起」）。確かに貞満や義貞の怒りは一触即発の様相を示していた。しかし、この時の義貞の態度は、「其《ソノ》気色皆忿《イカ》レル心有《アリ》トイヘ共《ドモ》、而《シカ》モ礼儀ミダリナラズ」（『太平記』）と怒りを抑えて座っていたというものであった。天皇は義貞・義助らを近くに召し寄せ、新田一族のこれまでの功労をねぎらい、このたびの和睦《わぼく》は時節を待つための計略で事前に知らせなかったのは、情報が洩《も》れることを恐れたためであったが、貞満の恨みの言葉によってその誤りを悟ったと陳弁してその場を取りつくろった。

恒良・尊良両皇子の推戴

その言を「逆手取り」にした義貞は、恒良《つねよし》・尊良《たかよし》両皇子を推戴《すいたい》して越前に下向する計画を妥協案として提示し、天皇に承認を取り付けたと推定される。その場で天皇は恒良親王に皇位を譲ったといわれるが、これは明らかではない（後述）。建武政府下の越前では、国司脇屋義助、守護堀口貞義の支配体制が築かれていたが（吉井功児『建武政権期の国司と守護』）、内乱に突入すると斯波高経、次いで細川頼春が守護に補任され（佐藤進一『室町幕府守護制度の研究』上）、新田方との抗争が展開されていた。

京都への道、越前への道

このようにして、活動を共にして来た比叡山籠城軍は二手に分かれて、それぞれの道を行くことになる。京都帰還組は後醍醐天皇以下、吉田定房《よしださだふさ》・万里小路宣房などの公家、武士では大館氏明・江田行義・宇都宮公綱・菊池武俊《きくちたけとし》などである。一方の越前行きは恒良・尊良両親王、洞院実世に新田義貞など新田一族、千葉貞胤、宇都宮泰藤《やすふじ》などである。このようにして五か月にわたる比叡山籠城軍は解散した。退去に当たって義貞は日吉山《ひえさん》王社《のうしゃ》に参詣し、先祖伝来の重宝「鬼切太刀《おにきりのたち》」を奉納している。

足利軍の追撃

義貞の北国落ちに際して、足利軍は琵琶湖西岸の堅田で追撃している。

新田・足之《アシカ》ノ戦、堅田ニ新田殿タマラス、真野《マノ》ノフケタノ下《シタ》ノ海道《カイタウ》ニテ戦《イクサ》ナラス、今堅田《イマカタタヘ》ノキ、海津《カイツ》ヘアカリ、ツルガ《（敦賀）》ニノキタマフ、足之殿《アシカ、トノ》、堅田船《フネ》八艘《ソウ》ニテ、カイツヘ追懸給《オツカケタマフ》ニ、八艘《ハツソウ》ノ名《ミヤウ》センアシキトテ、サ、船《フネ》一ソウサ、ノハニテツクリ、九《ク》艘《ソウ》ト号《カウ》シテオシカケラル、新田殿《ニツタトノ》越前ニテテツカラ自《ミツカラ》ワガ頸《クヒ》ヲウチ落《ヲト》シ、御身《ヲミ》ノ足《アシ》ニテ泥田《コミタ》ヘフミコミ給《タマ》ヒ訖《オワヌ》、三百人ノウチモラシ土屋《ツチヤ》ミナミ谷口《タニクチ》ニアリ、ソノ子孫カタ《（堅田）》、ニテテンカク《（田楽）》トイフアリ、足之殿《アシカガトノ》ハ軍《イクサ》ニカタセタマヒ、堅田《カタ、》ニセキ《（関）》ヲ成下《ナシクダ》サル、コト、今度《コムト》忠節《チウセツ》ヲ致《イタ》スホウビト云云《ウン〳〵》、

（「本福寺跡書」）

堅田本福寺の記録

浄土真宗寺院堅田本福寺《かただほんぷくじ》の記録に、足利軍が新田軍を追跡して堅田の真野から今堅田・海津と追い、その際に堅田船八艘が使用されたという。その時の忠節で堅田の関銭の徴収権が免許され、この時の堅田侍の子孫はこれを祝って田楽《でんがく》を催すことになったとある。ついでながら、越前における義貞最期の自刃の様子をも付記している。

木ノ芽峠の遭難

義貞一行は琵琶湖岸の堅田より舟で塩津・海津に上陸し、七里半《しちりはん》街道を敦賀《つるが》に向かおうとしたが、守護の斯波高経が通路を遮断しているとの情報を得て、進路を迂回して木ノ目峠を越えようとした。旧暦の十月十一日（太陽暦・グレゴリオ暦で十一月二十二日）の山越えである。しかしこの季節は、通常ならば雪の到来にはまだ早いのであるが、この年はとりわけ寒冷であったとされ、風雪の中での進軍は困難を極め、大量の凍死者を出した。

この時の悲惨な情景を『太平記』は、次のように記している。

同十一日ハ、義貞朝臣七千余騎ニテ、塩津《シホツ》・海津《カイツ》ニ著《ツキ》給フ。七里《リ》半ノ山中ヲバ、越前ノ守護尾張《ノ》守高経大勢ニテ差塞《サシフサイ》ダリト聞コヘシカバ、是《コレ》ヨリ道ヲ替《カヘ》テ木目峠《キノメタウゲ》ヲゾ越《コエ》給ヒケル。北国ノ習《ナラヒ》ニ、十月ノ初《ハジメ》ヨリ、高キ峯々ニ雪降《フリ》テ、麓ノ時雨止《シグレヤム》時ナシ。今年ハ例ヨリモ陰寒《インカン》早クシテ、風紛《カザマジリ》ニ降ル山路《ヤマヂ》ノ雪、甲冑《カッチウ》ニ洒《ソソ》ギ、鎧ノ袖ヲ翻《ヒルガヘ》シ

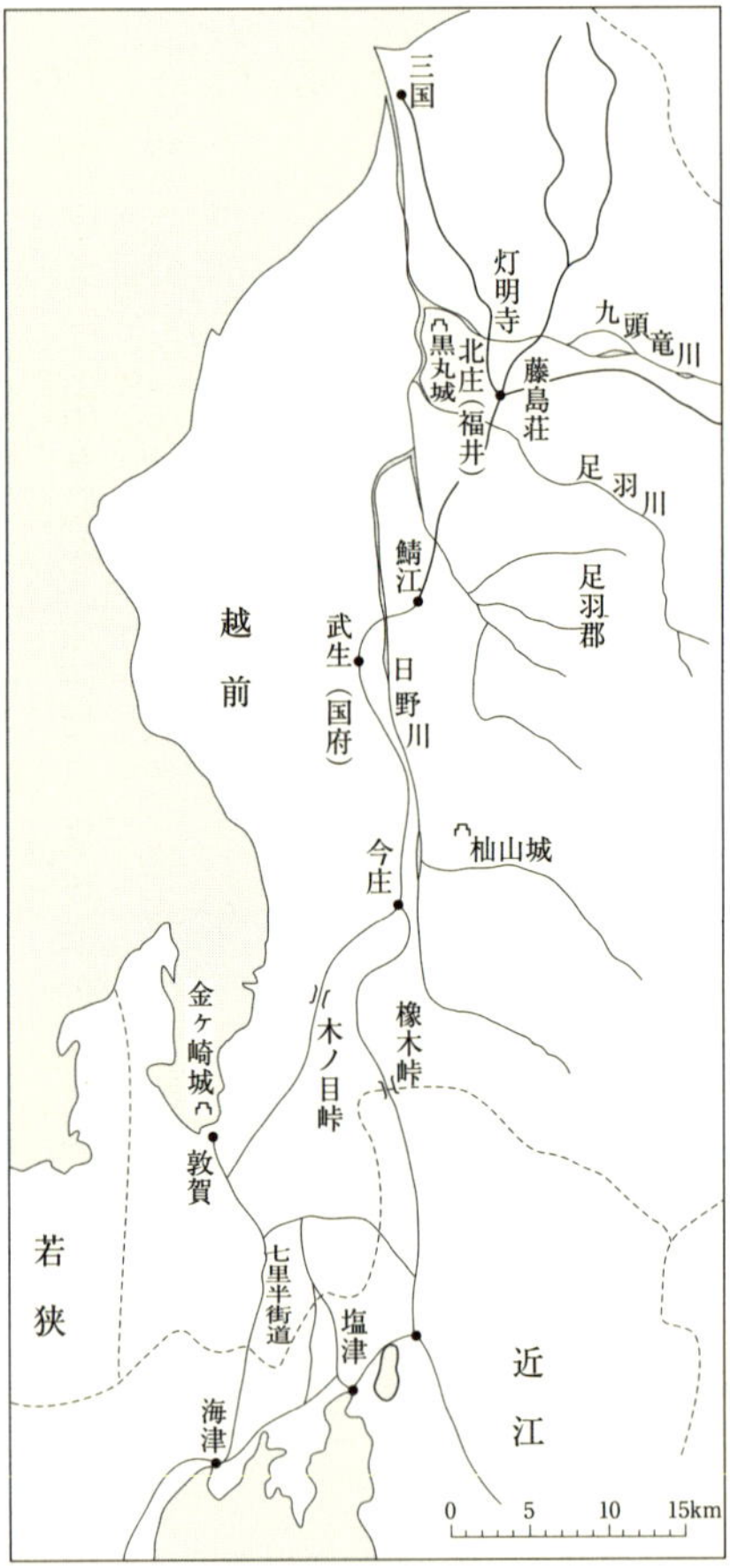

越前・近江要図

テ、面《オモテ》ヲ撲《ウツ》コト烈《ハゲ》シカリケレバ、士卒寒谷《ジソツカンコク》ニ道ヲ失ヒ、暮山《ボザン》ニ宿無《ヤドナク》シテ、木《コ》ノ下岩ノ陰《カゲ》ニシヾマリフス、適《タマタマ》火ヲ求得《モトメ》タル人ハ、弓矢ヲ折焼《オリヤイ》テ薪《タキギ》トシ、未《イマダ》友ヲ離《ハナレ》ザル者ハ、互ニ抱付《イダキツキ》テ身ヲ暖《アタタ》ム。元ヨリ薄衣《ハクイ》ナル人、飼《カフ》事無《ナカ》リシ馬共、此《ココ》ヤ彼《カシコ》ニ凍死《コゴエシン》デ、行人道ヲ去敢《サリアヘ》ズ。彼叫喚《カノケウクワン》大叫喚ノ声《コエ》耳ニ満《ミチ》テ、紅蓮《グレン》大紅蓮ノ苦《クルシ》ミ眼《マナコ》ニ遮《サヘギ》ル。今ダニカヽリ、後ノ世ヲ思遣《オモヒヤ》ルコソ悲シケレ。

金ヶ崎城入城

木ノ芽峠における雪中進軍の地獄の様相がリアルに語られている。河野・土居・得能氏などは遅れて、佐々木・熊谷氏などは足利方に討たれ、千葉貞胤は雪の道に迷って斯波高経に降参した。義貞本隊は苦難の末に十三日敦賀に着き、気《け》比《ひ》大宮司《だいぐうじ》の出迎えを受けて、金ヶ崎城に入った。稲村ヶ崎の潮の満干という自然条件を巧みに生かして鎌倉攻めに成功した義貞は、この北陸への木ノ目峠越えでは豪雪に遭遇して自然の猛威の前に多くの将兵を失い計り知れない大打撃を受けた。なお、西岡秀雄氏は、木曽杉の年輪データからこの年はとりわけ寒冷の小氷期気候の年に当たるとして、義貞の木ノ芽峠越えの遭難をあげ（『寒暖の歴史』）、佐藤進一『南北朝の動乱』はこれを援用している。

足利政権の合法化

京都に帰還した後醍醐天皇は、花山院《かざんいん》で足利氏の監視下に置かれたが、十二月二十一日にそこを脱出し、楠木一族の先導で吉野へ遁れた。それ以前、八月十五日に光厳《こうごん》上皇の命によって光明天皇（豊仁親王）が皇位につき、十一月二日には後醍醐天皇から光明天皇への三種の神器授受が行われ、皇太子には後醍醐天皇の皇子成良親王が擁立された。ここに持明院統の北朝と足利政権を合法化する手続きが完了し、建武式目十七ヵ条の制定などによって、足利幕府の基礎固めができた。

金ヶ崎城の攻防

金ヶ崎城は敦賀市街地の北東、天筒山《てづつやま》の北西尾根の突端が海に突き出した地点に立地する天然の要害である。越前国は前節で述べたように新田一族の堀口貞義が守護となっていたが、内乱期に入ると足利方から斯波高経が守護として勢力を拡大していた。しかし、敦賀の気比大宮司らは義貞に誼《よしみ》を通じ、現地の政治状況は流動化していた。義貞は恒良親王（新天皇？）の綸旨を奉じて軍勢を集めている（「白河証古文書《しょうこもんじょ》」）。一方足利直義は金ヶ崎城の攻撃の軍勢を招集し（「薩藩旧記《さつぱんきゅうき》」）、翌建武四年正月、高師泰が総大将として金ヶ崎城に発向している。金ヶ崎城攻めの軍団は、斯波高経の北陸軍、仁木頼章《にきよりあき》の丹波・美作《みまさか》軍、今川頼貞《よりさだ》の但馬・若狭軍などに、高師泰の美濃・尾張・遠江軍が加わり、海陸から城を包囲し激戦が展開された。一方、東北方の杣山《そまやま》城にあった脇屋義治などは金ヶ崎城の救援を行ったが敗北した。三月六日金ヶ崎城は遂に落城し、尊良親王・新田義顕（義貞嫡子）以下は自殺し、恒良親王は捕えられた。しかし、義貞はその直前に辛う

越前守護斯波高経の攻撃

金ヶ崎城の飢餓状況

じて杣山城に脱出している。この攻防戦の大軍包囲のなかで、城中は極度の飢餓状況になり悲惨を極めた。

此《この》城に兵粮尽《ひょうろうつき》て後は、馬を害して食とし、廿日あまり堪忍《かんにん》しけるとぞ承る、生ながら鬼類《きるい》の身となりける後生《ごしょう》、をし計られて哀《あわれ》なり。（『梅松論』）

射殺《イコロ》サレ伏《フシ》タル死人《シニン》ノ股《モモ》ノ肉ヲ切《キッ》テ、二十余人ノ兵共一口ヅ、食《クウ》テ、是《コレ》ヲ力ニシテゾ戦《タタカヒ》ケル。（『太平記』）

と馬肉や人肉を食うという惨状が二つの書物に記されている。義貞が退去した杣山城は金ヶ崎城から東北方約二〇キロの地点にあり、九頭竜川《くずりゅうがわ》の支流日野川《ひのかわ》の東岸に位置する。越前国府はその北にあり、地の利を得た所である。金ヶ崎落城後、義貞はここを拠点にして再び徐々に勢力を盛り返してきた。

金ヶ崎落城後の三月十四日、義貞は南保《なんぼ》右衛門蔵人（重貞《しげさだ》）に軍勢催促状を発給している（三浦文書）。

（二）去月廿一日注進状《ちゅうしんじょう》、今月十三日到来し、条々一見しおわんぬ。佐々木十郎左衛門尉忠清相共、城郭に引籠り軍忠致すの条神妙《しんびょう》なり、守護代職は佐々木弥三郎忠枝《ただえ》に宛て給う所なり。合力せらるべき状くだんの如し。

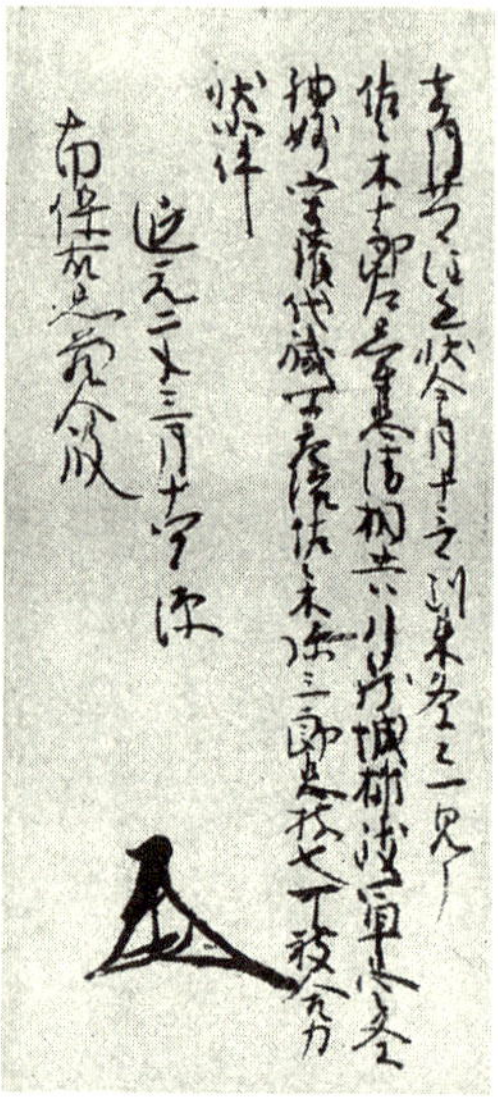

新田義貞軍勢催促状
（伊佐早謙氏旧蔵）

延元二年三月十四日
源（新田義貞）（花押）
南保右衛門（重貞）蔵人殿

この文書は、金ヶ崎落城前後に佐々木忠清とともに他の城に楯籠って活動した南保重貞に対して、その軍忠を賞し、守護代に任命した佐々木忠枝に合力するよう命じているものである。文書の形態は、縦一〇《センチ》余の小さいもので、小切紙《こきりがみ》といわれ、料紙を小さく切って文章を書き、折りたたんで髻《もとどり》の中などに挿し入れて秘かに運ばれた密書で、「髻の文」などと称される。これは現存する義貞最後の発給文書である。

5　義貞の最期

北畠顕家軍の上洛

建武四年八月十一日、義良親王を奉じた陸奥の北畠顕家は、大軍を率いて上洛の途につき、八月十九日には白河の関を越えて下野に進出して小山城を攻め落とした。ついで、十二月十三日には、利根川で上杉憲顕軍を撃破した。この時、北畠軍の進攻に呼応して、後醍醐天皇は諸国の南朝方の決起・上洛を吉野より催促している（「阿蘇文書」）。この行動は南朝方にとって足利政権打倒の好機と判断された。越前の新田義貞、伊予の大館氏明、丹波の江田行義、播磨の金谷経氏、遠江の井伊城に宗良親王を擁した勢力など「諸国官方蜂起事」（『太平記』）という一大決戦の軍事情勢が生じてきた。また、上野より新田義興なども加わり、伊豆にあった北条時行も勅免《ちょくめん》されて北畠軍に合流し、北畠軍は鎌倉を席巻《せっけん》してさらに畿内に迫っていった。翌建武五年正月二十八日、足利方の上杉憲顕・桃井直常《なおつね》・土岐頼遠《ときよりとお》などは北畠軍を美濃国青野原《あおのがはら》で迎え撃ったが大敗した。この敗報に京都の足利方は動揺をかくせなかった。

義貞、越前国府制圧

一方勢力が次第に強大になりつつあった義貞は、これに呼応して二月中旬に杣山城から出撃して斯波直経軍を鯖江《さばえ》に討ち、越前国府をも攻略してその地歩を固めていった。『太平記』作者の観測は、もしも北畠軍が近江より越前に赴き、義貞軍と合流して比叡山より京都を攻撃したならば、足利尊氏を京都より追い落とすことができた、しかし、そうしなかったのは北畠顕家が義貞の功をねたみ、義貞との合流を嫌ったからであろうとしている。佐藤進一氏も、顕家の父親房が徹底した武家政治否定派であり、顕家自身

義貞はなぜ顕家軍と合流しなかったか

も貴族意識が強く、またその軍の中に義貞を敵とする北条時行も加わっているので義貞軍との合流方針を採用しなかったのではないかと推定している（『南北朝の動乱』）。

しかし、顕家軍が、北陸経由で上洛することはその行程の困難さから考えられない。むしろ、義貞軍が、出撃・上洛をあえてしなかったのではないかと思われる。新田義貞と北畠親房・顕家父子の間にはなんらかの不信感があり、これが共同行動の妨げになっていたのであろうか。また、越前の軍事状況も義貞がただちに上洛できるというものでなく、義貞は越前の制圧を第一義的に考えていたと推定される。

顕家の敗死

顕家軍は第一陣の青野原防衛陣は突破したが、第二陣の黒地川《くろじがわ》の足利防衛線を避けて、伊勢路に迂回して奈良へ向かった。やがて南から京都を突こうとしたが、高・今川・上杉氏などの足利軍に阻まれ、五月二十二日和泉《いずみ》堺浦《さかいうら》の決戦で大敗し戦死してしまう。この進路変更が北畠軍の命運、さらには南朝方の命運を決したといわれている。結果的には北畠顕家・新田義貞の連携がちぐはぐで、この大作戦は失敗に帰したのである。

藤島灯明寺畷の義貞戦死

一方新田義貞は、建武五年五月には斯波高経の黒丸城《くろまるじょう》を包囲して足羽《あすわ》郡の諸城を次々と落としていた。六月に入ると越後の大井田氏経などが兵を率いて越前に来援した。ところが、閏七月七日、藤島の灯明寺畷《とうみょうじなわて》において新田義貞は不慮の戦死を遂げてしまう。この時の経過を述べると、藤島城に斯波方の平泉寺《へいせんじ》衆徒が楯籠もっており、これを新田軍は包囲して攻撃していた。義貞は赴援《ふえん》のため五〇騎を率いて駆け付ける途中、黒丸城より藤島救援に出撃した細川出羽守・鹿草彦太郎の軍三〇〇騎と遭遇し、歩射隊に深田の中に追い落とされ、乱射された矢に当たり倒れて自害してしまった。あっという間の出来事であったという。享年は三十七歳とも三十八、九歳ともいわれるが、本書は弟脇屋義助との対比で三十九歳を採る。

首実検

義貞を討ち取った氏家中務丞《なかつかさじょう》は、その首や所持品を総大将の斯波高経のもとに運び、首実検《くびじっけん》に供した。額《ひたい》の左眉の上に矢疵《やきず》の跡が確認され、所持の金銀造りの二振の太刀は鬼切・鬼丸の源氏重代の重宝であり、肌守りの中から後醍醐天皇宸筆《しんぴつ》の感状《かんじょう》が出てきたことなどから義貞と確認された（『太平記』）。

『太平記』の義貞戦死の記述

『太平記』はまた、その最期について次のように評している。

此人《コノ》君ノ股肱《ここう》トシテ、武将ノ位ニ備《ソナハ》リシカバ、身ヲ慎《ツツシ》ミ命ヲ全《マツタウ》シテコソ、大儀ノ功ヲ致サルベカリシニ、自ラサシモナキ戦場ニ赴《オモムイ》テ、匹夫《ヒツプ》ノ鏑《ヤジリ》ニ命を止《トド》メシ事、運ノ極《キハメ》トハ云《イヒ》ナガラ、ウタ（転）テカリシ事共也。

と義貞の軽率さを批判し、吉野にあって、顕家上洛による足利政権打倒の筋書を作った

北畠親房の嘆き

北畠親房は、『神皇正統記』に、

北国ニアリシ義貞モタビ〳〵メサレシカド、ノボリアヘズ、サセルコトナクテムナ《（空）》シクサヘナリヌトキコエシカバ、云バカリナシ。

と記し、義貞が度重なる上洛命令にも従わずに、空しく戦死してしまい「云うばかりなし」と嘆いている。なぜ義貞は顕家に呼応して上洛しなかったのか。おそらく、前述のようにようやく軌道に乗りかけた越前の制圧を上洛によって失いたくないこと、また南朝中枢部の策謀に振り回された比叡山から越前落ちの苦い経験などが、義貞をしてあえて上洛に踏み切らせなかった要因ではないかと思う。

転戦の生涯

元弘三年五月、故郷の上野国新田荘を出陣してから五年余、鎌倉—京都—播磨—京都—比叡山—越前と使い捨ての流浪軍団のように転戦につぐ転戦に明け暮れし、南朝方一筋に奮闘してきた義貞は、その太く短い生涯をここに閉じたのである。

茶毘

義貞の遺骸は、葬礼のために輿《こし》に乗せて七人の時衆にかつがせて往生院《おうじょういん》（丸岡《まるおか》町）に運ばれて茶毘《だび》（火葬）に付された。斬り離された首は朱の唐櫃《からびつ》に入れられ、義貞を討ち取った氏家中務丞が随行して京都に送られた。

義貞戦死の予兆

『太平記』巻二十の義貞の最期については谷垣伊太雄氏が、義貞の乗馬は足羽川を渡る際に跳狂ったり河中で伏してしまったりした事故を、最期のときに馬が溝を越えられなかった事故の予兆として捉えている。そして小事に拘泥《こうでい》して「大義」を忘してしまった義貞を尊氏の行動との比較において論じている（「義貞の死をめぐって」）。

実直な東国武士の重荷

実直な東国武士が、鎌倉幕府討滅の大功績で一躍中央政界に躍り出て、その栄光の重荷を背負い続け、南朝方の総大将に位置づけられての生涯であった。義貞の首は、彼が「朝敵ノ最《サイ》、武敵ノ雄《ユウ》」ということで、都大路を引き回しの上に獄門《ごくもん》に懸けられさらし首となった。義貞と交際があり、恩顧を受けた人も多かったので、これを見るに耐えず嘆き悲しむ声が多く聞かれたという（『太平記』）。

勾当内侍物語の必要性

『太平記』の作者にしてみれば、義貞の最期はその地位と活躍にふさわしい華々しいものとして描きたかったであろう。しかし藤島城救援に赴く途中で敵の大軍に遭遇するということで、あっけない戦死を遂げてしまった。それ故、英雄物語としてのしめくくりが出来ないため、義貞の死に続いて延々と妻の勾当内侍《こうとうないし》の物語を描いて、その悲劇性を盛り上げようとしたのである（後述）。

第三　義貞の妻・子息と一族・家臣

一　義貞の妻と子どもたち

1　勾当内侍物語

『太平記』の勾当内侍

『太平記』巻二十には、「義貞の首獄門《くびごくもん》ニ懸《カク》ルノ事、付《つけたり、》勾当内侍《こうとうのないし》ノ事」と題する一節を設け、義貞の「北ノ台」（妻室）の勾当内侍《こうとうないし》を登場させ、彼女をして別離の悲しみを語らせてひときわ情感を込めた筆致でその悲劇性を盛り上げている。山下宏明氏は軍記物語に登場する女性について、どのような場面に登場するかによって「傾国《けいこく》型」と「別離型」に分類し、勾当内侍を両者を併せ持ったものとして分析している（「太平記と女性」）。

獄門

越前《えちぜん》で討死した義貞の首は、「朝敵ノ最《サイ》、武敵ノ雄《ユウ》」（北朝の朝敵、足利氏の敵方首領）ということで、都大路《みやこおおじ》を引き回され獄門にさらされたが、義貞を慕う多くの人が嘆き悲しんだと『太平記』は記している。それに続いて、「中ニモ彼ノ北ノ台勾当ノ内侍ノ局《ツボネ》ノ悲《カナシミ》ヲ伝聞《キク》コソアハレナレ」として延々と物語が続く。

勾当内侍は、天皇に仕える女官《にょかん》（内侍司《つかさ》）の上位者の称で、名は不明であるが、世尊《せそん》寺流《じりゅう》（一条《いちじょう》）の藤原経尹《ふじわらのつねたか》の娘、その子行房《ゆきふさ》の妹に「女子　後醍醐《ごだいご》院勾当内侍　新田義貞朝臣室」とあり（『尊卑分脈』）、『太平記』が行房の娘としているのと若干相違するが実在の人物である。彼女は、天皇の寵愛《ちょうあい》を一身に受けた後、その了承のもとに義貞の妻となった絶世の美女という設定である。その一部を引用する。

中将ハ此幾年《コノイクトセ》ヲ恋忍《コヒシノン》デ相逢《ア》フ今ノ心ノ中《ウチ》、優曇花《ウドンゲ》ノ春マチ得タル心地《ココチ》シテ、珊瑚《サンゴ》ノ樹ノ上ニ陽台《ヤウタイ》ノ夢長クサメ、連理《レンリ》ノ枝ノ頭《ホト》リニ驪山《リザン》ノ花自《オノヅカラ》濃《コマヤカ》也、アヤナク迷フ心ノ道、諫《イサ》メル人モナカリシカバ、去《サ》ヌル建武ノスヘニ、朝敵西海ノ波ニ漂《タダヨヒ》シ時モ、中将此《コノ》内侍ニ暫《シバ》シノ別《ワカレ》ヲ悲《カナシミ》テ征路《セイロ》ニ滞《トドコホ》リ、後ニ山門臨幸ノ時、寄手大嶽《オホダケ》ヨリ追《オヒ》落サレテ、其《ソノ》マヽ寄セバ京ヲモ落《オトサ》ントセシカドモ、中将此《コノ》内侍ニ迷《マヨウ》テ、勝《カツ》ニ乗疲《ノリツカレ》ヲ攻《セム》ル戦《タタカヒ》ヲ事トセズ。其弊《ソノツヒ》ヘ果《ハタ》シテ敵ノ為ニ国ヲ奪《ウバハ》レタリ。誠ニ「一度笑《タビエン》デ能ク国ヲ傾《カタム》ク」ト、古人ノ是《コレ》ヲイマシメシモ理《コトワリ》也トゾ覚《オボ》ヘタル。中将坂本《サカモト》ヨリ北国ヘ落《オチ》給ヒシ時ハ、路地《ロジ》ノ難儀ヲ顧《カヘリミ》テ、此《コノ》内侍ヲバ今堅田《イマガタタ》ト云《イフ》所ニゾ留メ置《オカ》カレタリケル。カヽラヌ時ノ別レダニ、行《ユク》ニハ跡《アト》ヲ顧《カヘリミ》テ、頭《カウベ》ヲ家山《カサン》ノ雲ニ回《メグ》ラシ、留《トド》マルハ末ヲ思ヒヤリテ、泪《ナミダ》ヲ天涯《テンガイ》ノ雨ニ添フ。況《イハン》ヤ中将ハ行末《ユクヘ》トテモ憑《タノ》ミナキ北狄《ホクテキ》ノ国ニ趣《オモム》キ給ヘバ、生《イキ》テ再ビ廻《メグ》リアハン後ノ契《チギリ》リモイザ知ラズ。

長恨歌と勾当内侍の物語

唐《とう》の詩人白楽天《はくらくてん》の「長恨歌《ちょうごんか》」の章句が随所に散りばめられ、唐の玄宗《げんそう》皇帝と楊貴妃《ようきひ》の愛の「傾国」美女物語が義貞と勾当内侍の関係に重ねられて、その愛に溺れて比叡山麓の戦いについて勝機を失わせたという評価に結びついてくる。

義貞の死

越前に下向する義貞は、道中の難儀を考えて勾当内侍を琵琶湖畔《びわこはん》の今堅田《いまかただ》に留めるが、三年待っても戻らない義貞への慕情やみがたく内侍は越前の杣山《そまやま》へ赴く。義貞はこの時はすでに足羽《あすわ》に移っていたので、この地に向かうがその途中で前日の義貞の死を伝えられる。

セメテハアハレ其人《ソノ》ノ討《ウタ》レ給ヒツラン野原ノ草ノ露ノ底ニモ、身ヲステ置《オキ》テ帰レカシ。サノミハヲクレサキダ、ジ、共ニ消《キエ》モハ(果)テナン。

悲嘆の帰京

と泣き悲しんだが、供の輿《こし》の者はその意向を無視して杣山に引き返し、内侍はこの地で義貞の跡を忍び悲嘆にくれて京に帰る。京都では獄門で変わり果てた義貞を見て築地《ついじ》の陰に内侍は泣き伏した。やがて、嵯峨野《さがの》の奥の往生院《おうじょういん》に隠棲《いんせい》し、義貞の菩提《ぼだい》を弔うことになる。

今堅田の伝説

勾当内侍が留め置かれ義貞の帰りを待ったという今堅田には、内侍を祭神とする野上《のがみ》神社や琴《こと》ヶ浜《はま》の塚があり、本堅田には菩提寺の泉福寺《せんぷくじ》があり、勾当内侍伝説が流布《るふ》している。これによると、義貞の死を聞いた内侍は悲しみのあまり琴ヶ浜に身を投じたので、住民がこれを弔い石積みの塚にしたという。内侍を葬った住民の子孫はその御霊《ごりよう》を慰めるために野神《のがみ》講を組織して毎年十月九日の命日には野神祭を行っている。内侍の葬送を再現する形で、塚に泥塗りをし、当屋《とうや》での直会《なおらい》をした後に松明《たいまつ》行列が行われる。行列は塚を浄めた後に鎮守《ちんじゅ》の伊豆神田神社に参拝する。この過程で、当屋が参道横の田に竹の御幣《ごへい》を突き刺し、深く刺さるとこの年の豊作が約束されるという田の神祭りの性格を持っているという（『滋賀県の地名』）。

講釈師による流布

『太平記』の勾当内侍物語は、太平記語りの講釈師《こうしやくし》によってその後に流布され、江戸時代には人気の出し物となったと考えられる。これに感銘を受けた人が各地に勾当内侍の墓を作った。今堅田の場合もその一つの事例である。このような勾当内侍の墓と称するものは、群馬県新田町下江田《しもえだ》にもある。これは鎌倉末期の五輪塔《ごりんとう》で、もちろん勾当内侍の墓ではなく、内侍は義貞の故郷新田荘に来たわけではない。『太平記』を読み、聞いて、彼女の義貞を思う心に感動した後世の人が、この塔を彼女の墓石に見立てて供養したのである。

勾当内侍とツツジ

ツツジの名所として名高い館林《たてばやし》市花山《はなやま》公園のツツジが勾当内侍お手植えのツツジと書いたのは、館林出身の文豪《ぶんごう》田山花袋《たやまかたい》であった。花袋は次のように記している（『新撰名《しんせんめい》勝地誌《しょうちし》』巻四　一九一〇）。

　町の東に城址《じょうし》あり。秋元侯の治所《ちしょ》たりき。城址を囲みて沼ありき。城沼と云ふ。躑躅《つつじ》を満載し、老幹皆数百年来の物（中略）、躑躅は伝えて、新田義貞の妃勾当内侍の手栽《てうえ》するところと称す。

すなわち、ツツジの古木は勾当内侍が植えたというのである。このような記述は折にふれて花袋の随筆に登場するが、これは花袋の誤認で、勾当内侍が花見塚《はなみづか》（新田荘の南田《みなみた》嶋《じま》とも武蔵島《むさしじま》ともいわれる）に植えたツツジを、寛永《かんえい》四年（一六二七）に館林藩主榊原忠次内室《さかきばらただつぐないしつ》が館林の躑躅《つつじ》ヶ崎《さき》に移植したというのである（『館林とつつじ』『館林市史』つつじ編）。ともあれ、この伝承によって館林のツツジは勾当内侍お手植えと宣伝されることとなった。あでやかな勾当内侍の美女のイメージがツツジを連想させるものとなって伝承されたのである。これは史実とは考えられないが、近世における『太平記』の流行によって勾当内侍の悲話が人々の心を捉え、上野国ではツツジ伝説として語り伝えられたのである。

2　義貞の嫡妻とその他の妻

安東氏の娘

義貞の京都妻が勾当内侍とすれば、郷里新田荘での義貞嫡妻は、北条氏得宗《とくそう》被官である安東《あんどう》氏一門の娘である。北条高時《たかとき》の武将安東左衛門尉聖秀《せいしゅう》は義貞妻の伯父に当たり、義貞の妻は聖秀助命の義貞書状に自分の書状を添えて聖秀のもとに送るが、戦闘最中にこの書状を受け取った聖秀は、節を変えずその助命尽力を拒絶して使者の前で自刃して果てた（『太平記』）。この聖秀は鎌倉末期に活躍する得宗被官安東蓮聖《れんしょう》の一族であろう。

出自

この義貞の妻は「上野国甘羅令《かんられい》安東左衛門五郎藤原重保女《しげやすむすめ》」とある（『鑁阿寺《ばんなじ》新田・足利両家系図』）。甘羅は甘楽郡、令は役人の長のことであるから甘楽郡地頭を意味する。その安東重保（『太平記』では「聖秀」）の娘が義貞の嫡妻で、義貞の嫡子で金ヶ崎城で自害した義顕《よしあき》の母である。彼女は、戦陣のなか実家の人物の助命嘆願に奔走する積極的な女性であった。義貞の鎌倉攻めから五年余帰らぬ夫を故郷で待ち続けた妻がここにもいた。彼女も義貞没後、義貞の慰霊・鎮魂のために創建された安養寺明王院《あんようじみょうおういん》の一隅で義貞の菩提を弔うことになったと推定される。

上野一宮社家天野氏の娘

その他、義貞の妻には、上野国一宮抜鉾社《いちのみやぬきほこしゃ》神主天野民部《あまのみんぶ》橘時宣《たちばなときのぶ》娘（子息義興《よしおき》）と常《ひ》陸《たち》国小田《おだ》城主小田常陸介 源 真知《みなもとのまさとも》娘（子息義宗《よしむね》）がいる（「鑁阿寺新田・足利両家系図」）。これらの妻たちのその後の運命については明らかでない。

なお、文和《ぶんな》二年（一三五三）三月十九日長楽寺普光庵《ふこうあん》への足利尊氏寄進状の一部に、

　新田庄徳河《とくがわ》内畠五町四反、在家三宇　天野肥後二郎左衛門尉後家尼忍性
　　弁神領故了見知行分

との記載があり、一宮抜鉾社神主である天野氏関連の所領が没収されて長楽寺に与えられている（「長楽寺文書」）。これは義貞との婚姻関係を媒介にして新田荘内に天野氏の所領が存在したと考えられる。また、新田荘木崎《きざき》に抜鉾社が勧請《かんじょう》されている。

3　父に殉じた子息たち

嫡子義顕

義貞の嫡子は、長子の義顕で母は前述のように得宗被官の安東重保娘である。義顕は父の挙兵以来、父に従って行動したと思われるが、鎌倉攻めに参加したという史料はない。建武政府成立時に越後守となり、また武者所《むしゃどころ》一番の頭人《とうにん》（責任者）となり、このメンバーに一井貞政《いちのいさだまさ》がいた。尊氏の大軍が西国から上洛する際、防衛軍の大将として大渡《おおわたり》で防いだが敗れて「半死半生」の状況で帰京した。天皇の山門行幸《ぎょうこう》には義貞とともに

随行し、北国落ちにも同行、木ノ芽《きのめ》峠の悲惨な遭難も体験した。その後に金ヶ崎城に入り、金ヶ崎城の後詰《ごづめ》（後方の備え）として北国勢を副えられ、叔父義助とともに杣山《そまやま》城に赴き、そこから越後に下る予定であったが、味方の裏切りでこの計画は挫折して金ヶ崎城に帰還した。建武《けんむ》四年（一三三七）三月六日、金ヶ崎城落城の時、尊良《たかよし》親王や多くの武士とともに討死し、義顕の首は都に送られて獄門にさらされた（以上『太平記』）。享年二十一歳という。

三男義宗

義顕没後、嫡子となったのは、三男の義宗である。常陸小田氏の娘を母とした故、常陸方面の武士が義貞蜂起に参陣したことに関連している。六歳の時に昇殿を許され、義宗の活動は義貞・義顕の没後に越前・越中で義助とともに開始され、また関東に戻って、上野・越後の各地で兄義興と義助・義治親子とともにゲリラ的な活動を組織した。観応《かんのう》の擾乱《じょうらん》で足利尊氏《たかうじ》・直義《ただよし》両派の分裂抗争の際、直義派の上杉憲顕《のりあき》と結んで関東に蜂起して鎌倉を脅かした（武蔵野合戦）。その敗戦後は散発的な活動を行っていた。武蔵守や兵衛佐《ひょうえのすけ》を歴任、没年は不明である。

次男義興

義興は義貞の次男で、母が上野一宮の社家ということで、その出自《しゅつじ》が低いことから重用されず、幼名徳寿丸《とくじゅまる》として新田荘に留まっていたところが、北畠顕家《きたばたけあきいえ》が奥羽《おうう》から大軍を率いて上洛の際に新田荘で蜂起してその軍に加わり、鎌倉を占領した。その後も大活躍することとなる。

顕家の敗死後も各地での活動が見られ、武蔵野合戦では義宗とともに奮戦する。延文《えんぶん》三年（一三五八）十月十日武蔵国矢口渡《やぐちのわたし》（大田区と稲城《いなぎ》市矢野口の二説あり）で足利方の畠山国清《くにきよ》配下に謀殺された。怨霊《おんりょう》となって祀《まつ》られたという（『太平記』）。義興の発給文書とされるものは、正平《しょうへい》七年（一三五二）閏二月十五の世良田《せらだ》長楽寺宛「軍勢・甲乙人《こうおつにん》の乱入狼藉《ろうぜき》の禁止」という禁制である（「長楽寺文書」）。この他、三河国の「水野家文書」（瀬戸市）にある観応三年（正平七年）水野致秋《むねあき》宛の発給文書（写）八点の差出人花押が「長楽寺文書」のそれと類似しており、この時期の水野氏の活動を他の文書記録と照合・検討した松島周一氏は、この発給者を新田義興と推定できるとしている（「水野致秋と新田義興」）。

二　新田一族の活躍とその舞台

1　伊予の脇屋義助と大館氏明

脇屋義助の四国派遣

懐良《かねよし》親王と脇屋《わきや》義助《よしすけ》が暦応四年（一三四一）に総大将として伊予の今治浦《いまばりうら》に下り、この地域に一時勢力を振った。しかし、義助は翌年の康永《こうえい》元年（一三四二）六月五日、病没してしまう。義助は、義貞亡き後、越前《えちぜん》の南朝方を統率して奮戦したが、衰勢を挽回することができず、一時吉野に戻り再び四国に派遣されていたのである。また義助の死に先んじて征西《せいせい》将軍懐良親王はこの地を去り、五月一日には薩摩《さつま》に上陸し九州の拠点作りを開始している。

脇谷義助の板碑

なお、後に義貞・義助などを祀っている新田荘の安養寺明王院（尾島《おじま》町）には、脇屋義助の供養塔婆《くようとうば》（板碑《いたび》）が遺されている（安養寺については一七五頁参照）。

この板碑には次の銘文が刻まれている。この板碑については真偽論争があったが、碑面を見るかぎり問題はないと思う。

（光明真言）　前刑部卿

（光明真言）　源義助

（キリーク）（蓮座）康永元年壬午八月五日

（光明真言）　生年四十二

（光明真言）　逝去

銘文によれば義助の享年は四十二歳ということである。弟義助が康永元年に四十二歳であることから、四年前の暦応元年に逝去した兄義貞の没年齢は三十九歳が妥当で、一つ違いの兄弟ということになる。なお、明王院には南北朝期と推定される多くの天神山《てんじんやま》凝灰岩《ぎょうかいがん》製の五輪塔《ごりんとう》や鎌倉末から南北朝時代の板碑一六基がある。この明王院は、新田義貞・義助などの菩提を弔うために建立されたものである。

大館氏明の伊予下向

後醍醐天皇とともに比叡山《ひえいざん》から京都に赴き、足利方に一時降伏していた大館氏明《おおだちうじあき》は、逃れて伊予《いよ》国に下り活動を開始していた。暦応元年十一月に、大館氏明は瀬戸内海の忽《くつ》那《な》島《じま》を本拠地とする伊予水軍の忽那義範《よしのり》に、城郭を構えて足利方の細川氏と戦うことを命じている（「忽那文書」）。

細川頼春の攻撃

懐良親王の退去、脇屋義助の戦死などの機に乗じて、細川頼春《よりはる》は大軍を率いて南朝方の拠点で土居《どい》・得能《とくのう》氏などの籠もる河江《かわえ》城、大館氏明の籠もる世田《せた》城を攻撃した。金谷《かなや》経氏《つねうじ》が水軍を率いて来援したが、九月三日に世田城は落城し、氏明は戦死している（『太平記』）。

大館氏の幕府奉公衆への転進

大館氏明の子義冬《よしふゆ》は九州に隠れていたが、足利方の佐々木道誉《ささきどうよ》に見いだされ、幕府に出仕し、道誉の息女と結婚して近江草野《おうみくさの》荘を与えられて幕府の近習となった。その子孫はその後幕府政所《まんどころ》の奉行人《ぶぎょうにん》として活躍した。文亀《ぶんき》三年（一五〇三）に大館持房《もちふさ》の子で禅僧景《けい》徐周麟《じょしゅうりん》によって記述された『大館持房行状《ぎょうじょう》』（下村效・二木謙一「翻刻『大館持房行状』」『国史学』九三号）によると諸国に散在する大館氏の所領は、近江《おうみ》・美濃《みの》・摂津《せっつ》・丹波《たんば》・越中《えっちゅう》・加賀《かが》・出雲《いずも》・駿河《するが》・備前《びぜん》・上野《こうずけ》の十ヵ国、二十二郷に及ぶ。このうちの上野国大館・一井は新田荘内の二郷で、十五世紀の新田岩松《いわまつ》氏所領注文に、「一、大館郷四ヶ村、一井郷四ヶ村、大館知行京都祇候」（「正木《まさき》文書」）とあるのに照応する。大館氏は、新田荘内の名字の地を室町《むろまち》時代にも確保していたのであ

大館氏の所領

大館氏の系譜

脇屋義助供養の板碑
（拓本，東毛歴史資料館蔵）

系図4　大館氏略系図

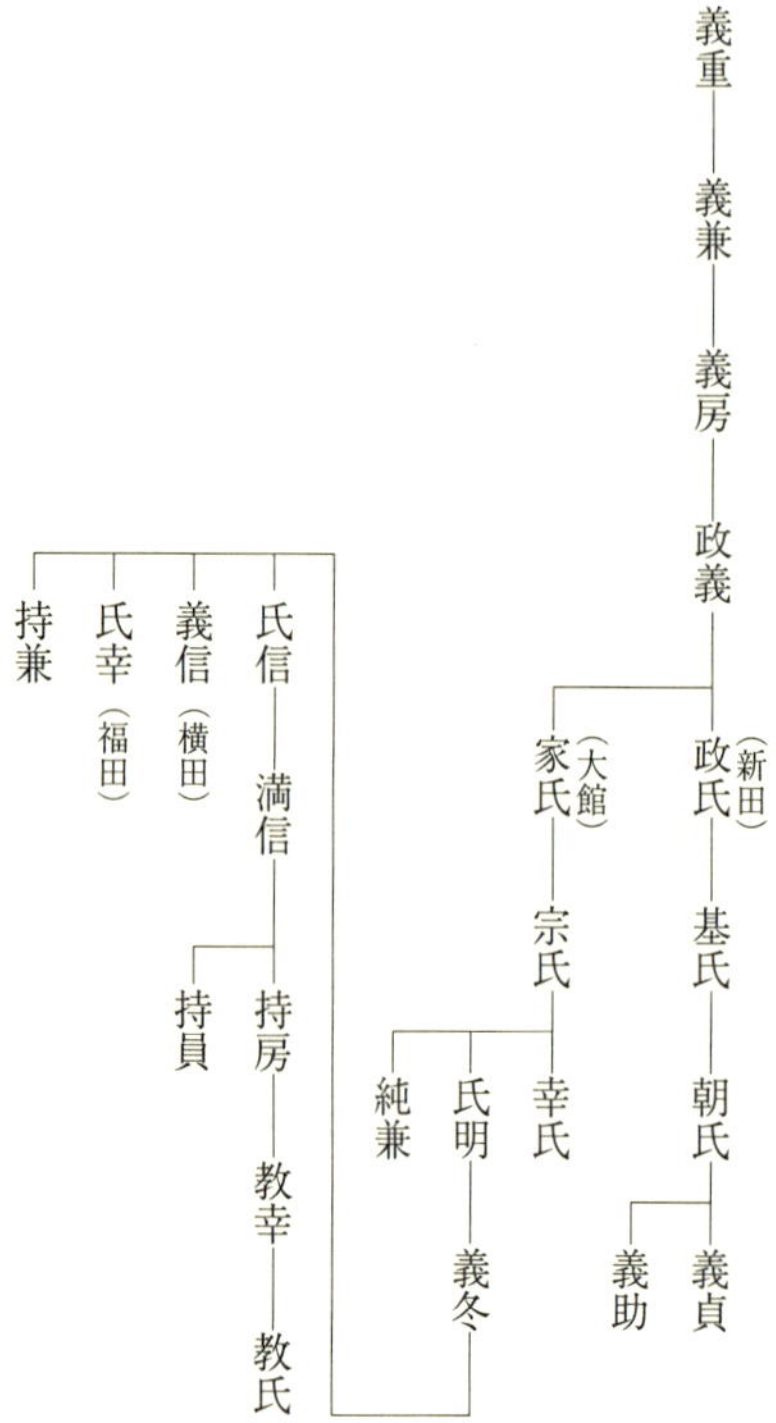

る。この「大館持房行状」による大館氏の系譜は系図3のようになっている。なお、鎌倉時代初期に新田義兼《よしかね》は禁中での「張《ちょう》楽《がく》」(調楽・演奏)に参加し、その時に義兼が使用した横笛が大館氏に伝授され、持房に伝えられていると記されている。

2　北九州の新田遠江禅師

尊氏の九州支配

南北朝内乱の初期、建武《けんむ》三年(一三三六)正月に京都の争奪戦に破れた足利尊氏は二月に丹波から九州に逃れた。三月には筑前《ちくぜん》多々良《たたら》浜《はま》の合戦で後醍醐天皇方の菊池《きくち》武敏《たけとし》を撃破

新田遠江禅師の活動

して九州の支配権を掌握し、筑前・豊前《ぶぜん》・肥後《ひご》に少弐《しょうに》頼尚《よりひさ》、筑後に宇都宮冬綱《うつのみやふゆつな》、豊後・肥前・日向《ひゅうが》に大友氏泰《おおともうじやす》、大隅《おおすみ》・薩摩に島津貞久《しまづさだひさ》をそれぞれ守護として配置し、これらを束ねる九州（鎮西《ちんぜい》）探題《たんだい》に一色範氏《いっしきのりうじ》（道猷《どうゆう》）を任命し、軍事指揮権と民事訴訟管轄権を与えた。しかし、この支配体制に反発する南朝方の反乱は、足利氏の九州支配を揺るがしていた。その一つに新田遠江禅師《ぜんじ》の活動があげられる。建武四年十月二十一日付の丹波有世軍忠状《たんばありよぐんちゅうじょう》によると、新田禅師と大友式部大輔《おおともしきぶのたいふ》（直世《ただよ》）などが十月十一日夜に豊前の宇佐《うさ》郡を出発して筑前国嘉摩《かま》郡桑野原《くわのはら》に出撃したので、丹波氏は佐竹義尚《さたけよしひさ》の軍に参加して戦い、ついで嘉摩城に楯籠もった新田禅師等を攻めて落城させたとしている（「西行《さいこう》雑録《ざつろく》所収薬丸《やくまる》文書」）。その後、暦応三年三月十九日には、松浦中村弥五郎《まつらなかむらやごろう》は九州探題一色範氏の命によって筑前国恰土《いと》郡一貴寺《いきでら》に楯籠もった新田禅師や原田孫二郎《はらだまごじろう》を攻め落としている（「中村文書」）。さらに、同年十一月に後藤武雄大宮司《ごとうたけおだいぐうじ》は、新田遠江禅師・大城藤次《おおしろとうじ》以下が楯籠もった筑後《ちくご》国御井《みい》郡赤自《あかじ》（三井郡赤司）の要害を一色範氏の命で攻め落としている（「武雄神社文書」）。このように、「新田禅師」「新田遠江禅師」と称する武将は豊前・筑前・筑後などを転戦し、九州探題の一色氏や守護少弐氏の軍とゲリラ的な戦いを演じている。この人物は、どのような者であろうか。「遠江」はその男系の祖である足利

北九州南朝方の若松氏

（畠山《はたけやま》）義純《よしずみ》が遠江守であったことから、その子孫の岩松氏の多くがこの官途《かんと》名を称しているので、岩松氏であると思う。後の観応三年二月に書写された筑前安楽寺《あんらくじ》の所領目録に「一、豊前国一円（中略）山田庄地頭職《じとうしき》内弐拾余丁　岩松左近将監義継《さこんのしょうげんよしつぐ》これを寄進す」とあり、岩松左近将監義継という人物が豊前国山田荘に拠点を持っていたことがわかる。新田遠江禅師が出発した国が豊前国であるので、この人物は岩松義継そのものか、あるいはその親類であろう。岩松遠江禅師ないし岩松左近将監義継を岩松氏の系図の中で見出すことはできないが、岩松氏の庶家として西遷した人物と考えられる。北九州における南朝方として岩松氏一族を確認することができる。

3　堀口・一井氏の活躍

堀口氏の動向

義貞の鎌倉攻めには堀口《ほりぐち》三郎貞満《さだみつ》と舎弟四郎行義《ゆきよし》が参加している。この行義はその後民部《みんぶ》大輔貞政《さだまさ》として登場する一井貞政のことと考えられる。兄弟の父親の貞義《さだよし》は鎌倉攻めに参加した証拠はない。しかし、彼は老練な武将であったと考えられ、建武政府成立後は越前の守護職に任ぜられて「守護新田左馬権頭《さまごんのかみ》」と記されている（「円覚寺《えんがくじ》文書」）。建武三年四月の「武者所結番定文《むしゃどころけちばんさだめぶみ》」にはその二番に「新田左馬権頭貞義」の名がある。

堀口貞満のその後の活動

この結番には一井貞政は一番方に組織され「新田大蔵《おおくら》大輔貞政」と記されている。建武政府成立後間もなく、建武二年三月十二日越後に反乱が起きた時、建武政府は色部《いろべ》三郎長倫《ながつね》に命じて一井貞政に従って軍忠を尽すよう命じている（「色部文書」）。八月二十六日信濃に反乱が起きた時も、村山弥二郎隆義《むらやまやじろうたかよし》に同様なことを一井貞政が命じている（「村山文書」）。

建武三年二月十一日、摂津打出浜で新田軍が勝利した際、それに先んじて二月八日に義貞は播磨近江寺衆徒《しゅと》に摩耶城攻めの出陣を命じている。これに対して衆徒は、八日に山崎に馳参して西宮で軍忠を励み、十一日に瀬河と南山に両度出陣して戦功を挙げたとの軍忠状を提出している。この軍忠状への証判の花押は、「色部文書」の一井民部大輔貞政のそれと一致している（本郷和人「新田義貞麾下の一部将と室町幕府のある右筆について」）。貞政は、義貞軍の大将として義貞に代って軍忠状に証判を据える地位にあったことが判る。

兄の方の貞満は美濃守となり、新田義貞に密着して鎌倉攻め以来行動をともにする。比叡山で後醍醐天皇が新田義貞を捨てて下山して、足利尊氏と和平しようとした時に、前述のようにそれを阻止して天皇を非難した。

その結果、新田一族内の和平派の大館氏明・江田行義らは後醍醐天皇とともに下山し、新田義貞・堀口貞満らは義良親王を鎮守府将軍として奉じて越前に下ることとなる。ところが、木ノ芽峠越えの吹雪の中で新田軍団は離散し、義貞らは金ヶ崎城に入ることができたが、貞満の越前での足跡はない。貞満はどこへ消えたのであろうか。暦応元年正月二日、陸奥から攻め上ってきた北畠顕家がこの日鎌倉を出立して上洛の途についた。尾張熱田《おわりあつた》に着いたのは二十二日、ここに貞満が現れる。

前陣已《ステ》ニ尾張ノ熱田《アツタ》ニ著《ツキ》ケレバ、摂津大宮司入道源雄《セッツノダイグウジ》《ゲンユウ》、五百余騎ニテ馳付《ハセツケ》、同日《オナジキ》美濃ノ根尾《ネヲ》・徳山《トコノヤマ》ヨリ堀口美濃守《ノ》貞満《サダミツ》、千余騎ニテ馳加《ハセクハハ》ル。今ハ是《コレ》ヨリ京マデノ道ニ、誰アリトモ此勢《コノ》ヲ聊《イササカ》モ支《ササヘ》ントスル者ハ有《アリ》ガタシトゾ見ヘタルケル。

（『太平記』）

北畠軍の進路変更

貞満は美濃国の根尾・徳山より来たという。徳山は揖斐川《いびがわ》の上流、根尾はその支流の根尾川流域にあたり、ともに越前国境との山間部揖斐郡に位置する。貞満はおそらく木ノ芽峠の遭難後、近江・越前・美濃の国境地帯のこの地で時節を待っていたのであろう。そこで北畠顕家軍に合派し、行動をともにするようになるのである。この軍の中には義貞の子新田徳寿丸《とくじゅまる》（後の義興《よしおき》）が参加していたので徳寿丸とともに新田軍団を構成したと思われる。その直後に青野原《あおのがはら》合戦が行われて、北畠軍は足利軍を撃破する。その次に東海道を直進して京都をうかがうと思われていた矢先に北畠軍は進路を南に転じて伊勢路に向かい、各地を転戦した末に摂津の堺浦《さかいうら》で滅亡してしまう。貞満はこの過程で討死したと考えられるが、その場所や日時は全く明らかではない。

4　土佐の綿打氏

綿打為氏

綿打《わたうち》氏については不明な点が多い。建武二年十一月に足利尊氏討伐のために関東に攻める新田義貞軍の中に綿打刑部少輔《ぎょうぶのしょうゆう》の名があり（『太平記』）、この刑部少輔は鎌倉攻めの功によって官途を得た綿打太郎為氏《ためうじ》であろう。義貞に従って越前に下り金ケ崎城で討死した者の中に、綿打太郎氏義《うじよし》・子息大炊助《おおすいのすけ》氏頼《うじより》の名が見える（「系図」および「宮下過去帳《みやしたかこちょう》」）。

記録にみえる綿打氏

建武五年五月二十二日、北畠顕家と足利軍の堺浦合戦で大友氏の一族狭間正供《はざままさとも》は「新田綿打」と太刀打《たち》ちしたと記している（「大友文書」）。この時、深堀《ふかぼり》孫太郎時通《ときみち》は新田綿打と「伯耆判官《ほうきのほうがん》」（名和長年《なわながとし》）を討ち取ったとある（「深堀系図証文記録《しょうもんきろく》」）。この新田綿打は誰に該当するか不明である。暦応三年正月二十八日堅田《かただ》小三郎経貞《つねさだ》軍忠状によると、経貞は前年の十二月三日土佐《とさ》国大高坂《おおたかさか》城に押し寄せた時、翌正月二十五日後醍醐天皇の皇子花園宮《はなぞののみや》を奉じた新田綿打入道と合戦したことを記している（「佐伯杏庵《さえききょうあん》所蔵古文書」）。また康永元年九月二十六日には、堅田又太郎国貞《くにさだ》は津野新荘《つのしんしょう》の岡本《おかもと》城を攻撃した時、花園宮や「綿打殿」と戦っている（「蠹簡集拾遺《とかんしゅうしゅうい》」）。この新田綿打入道は為氏と推定される。『常楽記《じょうらくき》』は、「貞和二年二月十四日、大輔公政舜《せいしゅん》廿五、綿打又太郎政光《まさみつ》廿四、同時互に害死しおわんぬ」と記し、政舜と綿打政光の二人が互いに刺し交えて死んだと記している。京都での出来事と思うが、どのような事情か判然としない。綿打氏には遺族が新田荘に残り、室町時代に綿打九郎という者が新田荘綿打郷を知行していることが知られる（「正木文書」新田荘知行分目録）。

5　畿内の金谷経氏

金谷経氏の播磨での活躍

建武二年十一月に足利尊氏討伐のため下向した新田義貞軍の中に金谷治部《かなやじぶ》少輔の名がある（『太平記』）。建武四年九月六日金谷治部少輔経氏《つねうじ》は播磨《はりま》国東条《とうじょう》より出撃して、摂津国丹生寺《にゅでら》に城郭を構えた。暦応三年八月五日、広峯《ひろみね》五郎次郎長種《ながたね》は金谷兵庫助《ひょうごのすけ》経氏が楯籠もる丹生寺城の支城の鳥渡《とりわた》・石柱本《いしはしらもと》・迫《さこ》城を攻めた（「広峯文書」）。また、金谷修理《しゅりの》大夫《たいふ》経氏は康永元年六月に大館氏明の世田城攻めを援助している（『太平記』）。観応《かんのう》二年

（一三五一）九月七日、京都の石清水八幡宮《いわしみずはちまんぐう》に「新田金野（金谷）」が騎馬六～七騎、人数五〇人ほどで討ち入ったが、八幡宮の祠官《しかん》・神人《じにん》などの防戦で追いつめられ、金谷は切腹《せっぷく》自害、その他二〇余人は殺されたという。この時、金谷らは「新田兵部少輔（行義）入り来るべし」と触れまわったと記している（『園太暦《えんたいりゃく》』『観応二年日次記』）。この金谷は経氏の近親者であろう。八幡宮に侵入しようとした意図などは不明である。

文和《ぶんな》元年（一三五二）十二月八日、安積盛兼《あさかもりかね》は播磨国飾西《かさい》郡で新田金谷殿以下を攻め破っている（「安積文書」）。この時京都では、十二月十二日に「吉野方官軍新田力太《カナヘ》、去比摂《いぬるころせっ》州《しゅう》において討ち取ると云々、実否不審也《ふしんなり》」と記されている（『園太暦』）。この「力太《カナヘ》」はそのルビによって金屋経氏のことを考えられ、これを最後に畿内近国での金谷経氏の活動の記録は途絶えるので、おそらくこの時の合戦で討死したのであろう。

6　江田行義の活躍

行義の行動

世良田《せらだ》系の中で終始南朝方として活躍した人物に江田行義がある。『尊卑分脈《そんぴぶんみゃく》』には、頼氏《よりうじ》―有氏《ありうじ》―行義（世良田又二郎・修理亮《すけ》・兵部大輔）と記し、「新田岩松系図」「長楽寺《ちょうらくじ》系図」などでは有氏と行義の間に義有《よしあり》（三郎太郎）を挿入し、行義の官途に弾正大弼《だんじょうだいひつ》を加えている。元弘《げんこう》三年（一三三三）の新田義貞の挙兵の際には、江田三郎光義《みつよし》が登場するが（『太平記』）、これは行義の誤記であろう。鎌倉攻めでは極楽寺坂《ごくらくじざか》攻めの大将として大館宗《むね》氏《うじ》・江田行義が見られる。建武二年十一月の足利尊氏追討軍として関東へ攻め下った義貞軍の中に修理亮行義が見られる（『太平記』）。行義は建武三年正月、山陰道《さんいんどう》方面から侵入する足利方を防御して丹波大江山《おおえやま》で合戦している（「後藤《ごとう》文書」）。また、京都に進攻した足利尊氏軍を兵庫で追い落とす合戦で活躍している。建武三年中国方面への発向の際、義貞が病気のため大館氏明・江田行義らは先発隊として播磨に赴き、後に下向してきた義貞とともに播磨で活動し、また四月十九日には美作《みまさか》入りをしている。同年の「武者所結番定文」には、新田兵部少輔行義と記され、三番方の頭人《とうにん》となっている。さらに湊《みなと》川《がわ》合戦に参加したが敗れ、後醍醐天皇の比叡山への退去には義貞と随行し、いわゆる「山門《さんもん》合戦」に活躍している。

しかし、十月戦利を失った後醍醐天皇は、足利尊氏との和睦《わぼく》と新田義貞の切り捨て策をひそかに進めていた。比叡山防衛軍の中に、和平派と抗戦派の対立が生まれたと考えられる。新田氏の中でも義貞・堀口満貞らの抗戦派に対して、大館氏明・江田行義らは和平派であった。『太平記』は次のように記している。

系図5　徳川・世良田氏系図（---は推定）

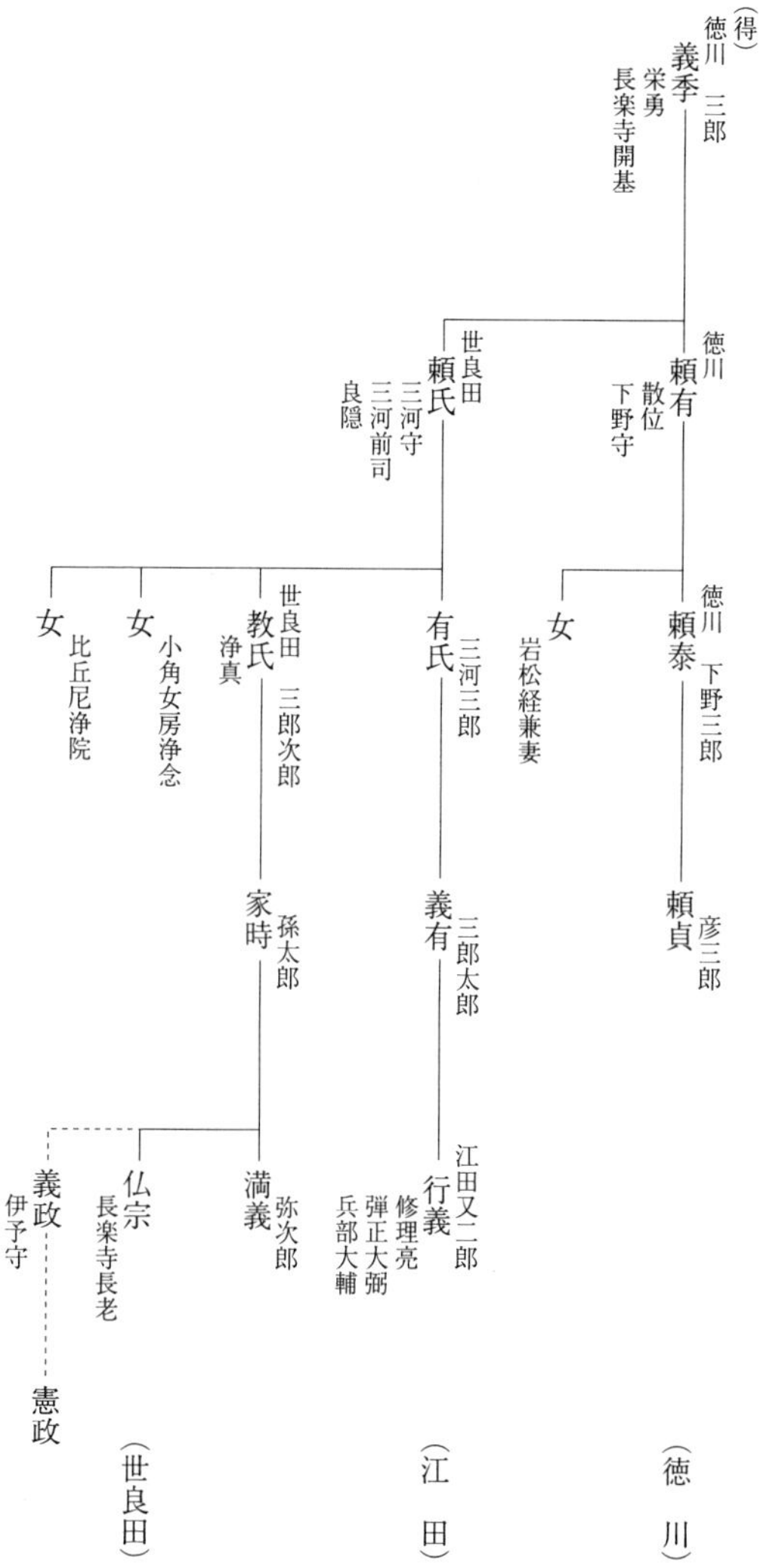

去《サル》程ニ還幸ノ儀事潜《コトヒソカ》ニ定《サダマリ》ケレバ、降参ノ志アル者共、兼《カネ》テヨリ今路《イマミチ》・西坂本ノ辺《ヘン》マデ抜々《ヌケヌケ》ニ行設《ユキマウ》ケテ、還幸ノ時分ヲゾ相待《アヒマチ》ケル、中ニモ江田兵部《ノ》少輔行義《ユキヨシ》・大館左馬助《ノ》氏明《ウヂアキラ》ハ、新田ノ一族ニテ何《イツ》モ一方ノ大将タリシカバ、安否《アンピ》ヲ当家《タウケ》ノ存亡《ソンバウ》ニコソ任《マカセ》ラルベカリシガ、イカナル深キ所存カ有《アリ》ケン、二人共降参セントテ、九日《ノ》暁《アカツキ》ヨリ先《マツ》山上ニ登《ノボツ》テゾ居タリケル。

行義の丹波での活動

行義・氏明らは京都還幸組として後醍醐天皇に随行し出発しようとした時、その事情を察知していた堀口貞満が駆けつけて後醍醐天皇を非難し、そこに義貞も駆けつけてきたので天皇の策謀は思いどおりにいかなくなった。そこで、天皇は新田義貞らの怒りを宥《なだ》め、義良親王を義貞に託して越前に落とさせ、自身は京都に還るのである。行義・氏明らは一度京都に帰ったが和議は破れ、行義の丹波での活動が開始される。越前での義貞の戦死後、南朝方の体制の建て直しの一環として、江田行義は丹波、大館氏明は伊予、金谷経氏は播磨で活動することになる。先に記したように観応二年九月、石清水八幡宮に金谷氏らが乱入して誅殺《ちゅうさつ》された際、金谷氏らは「新田兵部少輔入り来る」と相触れたという（『園太暦』）。すなわち、江田行義が押し寄せてくるということは相当な威嚇《いかく》になったらしい。この時点で江田行義は丹波で活動していた。

観応二年（正平《しょうへい》六年）十一月、京都の仁和寺法金剛院《にんなじほうこんごういん》はその所領丹波国主殿保《とのもほ》に関して、次のように吉野の朝廷に訴えている。

　新田江田殿、当国大将軍として兵粮を所々に分け宛《あ》てられ、公事《くじ》を庄保に懸け催《もよお》さるの間、近明（今カ）御使を当保に入れらるべきの由、その聞こえ有り、然《しか》れば寺院の、保民の牢籠《ろうろう》嘆きて余りあるものなり。（「仁和寺文書」）

すなわち、江田行義が丹波国の大将軍として軍費を主殿保に課し、保民が「侘際《たてい》」（困窮）しているとし、このような負担を課さないように申し入れているのである。この史料を最後に、行義の跡は途絶える。

長楽寺への寄進

江田行義は、元弘三年七月二十日、新田荘平塚《ひらつか》村の得分二〇貫文を長楽寺に寄進している。これは平塚郷の一部と考えられるが、平塚郷全体は正慶二年（元弘三年）五月八日義貞挙兵の同日に鎌倉幕府から長楽寺に寄進されている。これは、新田義貞が幕府の徴税使を逮捕・誅殺したことに対する懲罰として没収し寄進したものであろう。さらに建武五年九月六日、足利尊氏は新田義貞や江田行義に対する処置として平塚郷を長楽寺に寄進している（以上「長楽寺文書」）。

江田館跡

江田行義の館《やかた》は江田館跡（国指定新田荘遺跡、太田市上江田）と推定される。この館も戦国時代に城郭化し、由良《ゆら》氏の重臣矢内《やない》四郎左衛門の持城となっている（「新田金山伝記《にったかなやまでんき》」）。低湿地の東の台地上に立地する約一町四方の館は、土塁《どるい》を高め堀を深くし、堀・土塁には折り（屈曲）を施し、さらに外郭（二の丸・黒沢《くろさわ》屋敷・毛呂《もろ》屋敷など）を付属させた。今日、われわれが見ることのできるのは、戦国時代に城郭化した「館城《やかたじろ》」の姿で、その本丸にあたる所が本来の館と推定される。

7 里見・大井田・羽川氏

越後の新田一族

新田一族の一翼を担う里見《さとみ》系の諸氏は、この内乱期にどのように活躍したのであろうか。大ざっぱに言って里見氏は足利方、大井田《おおいだ》・羽川《はねかわ》氏はどちらかというと当初南朝方として活動した。里見系の諸氏は新田荘の東部や碓氷《うすい》郡の里見を拠点とし、また、越後の魚沼《うおぬま》郡の山間部の妻有《つまり》荘・波多岐《はたき》荘などに進出していた（赤沢計真『越後新田氏の研究』）。南北朝に活躍するのは、里見・鳥山《とりやま》・大島・大井田・羽川などの諸氏である。義貞挙兵の時、里見五郎義胤《よしたね》の名が見え、上野中央部で越後から来援してきた諸氏に「里見・鳥山・田中・大井田・羽川ノ人々」が見られ、また、天狗山伏《てんぐやまぶし》の知らせによってやってきたと述べたのが大井田遠江守であった（『太平記』）。また、鎌倉攻めの大将の一人に蔵人《くろうど》七郎氏義《うじよし》がいる（「和田《わだ》文書」）。蔵人は主として大井田氏系の仮名である。なお、建武二年六月に播磨の府中で戦死した里見式部大夫義俊《よしとし》がいる（「山内《やまのうち》首藤《すどう》家文書」）。しかし、以上の人物については系譜上明らかにすることはできない。

里見氏の活動

　南北朝内乱期の初期から里見一族のうちで、承久《じょうきゅう》の乱の勲功の賞で美濃国円教寺《えんきょうじ》地頭職を得た里見氏は、早くから足利尊氏のもとで活動したと考えられる。また、康永四年八月二十九日の天龍寺《てんりゅうじ》供養の時の足利尊氏の随兵に里見蔵人の名が見える（『園太暦』）。ところが蔵人は、それ以前の八月九日に、春日《かすが》社の造営料を負担して、「一通　里見蔵人　弾正忠《だんじょうのちゅう》所望事　同々康永二年十月六日」（「大乗院《だいじょういん》文書」荻野三七彦編『大乗院文書の解題的研究と目録』下）とあり、その成功《じょうごう》（費用負担の功績）によって蔵人から弾正忠となったと考えられる。この人物は「義宗、民部少輔、里見蔵人」と記された里見義宗であろう。義宗は室町幕府の奉公衆《ほうこうしゅう》となったのである。

大井田氏経

　里見系諸氏のうち、とりわけ華々しい活躍をするのは、大井田氏経《うじつね》・義氏《よしうじ》と大島義政・義高父子である（前述）。両者は氏経が南朝方、義政は北朝方と対照的である。大井田氏は、越後の妻有荘の中心部である中魚沼郡津南《つなん》町大井平《おおいだいら》を本拠地として、「赤沢《あかざわ》伊豆守氏経《うじつね》」と称し、その娘は信濃守護の小笠原貞宗《おがさわらさだむね》に嫁ぎ、政長《まさなが》を産んでいる（「小笠原家文書」）。氏経の活動は「大江田式部大輔」として『太平記』にしか現れず、建武二年

系図6　里見氏系図（大井田・大島・鳥山氏などを含む）

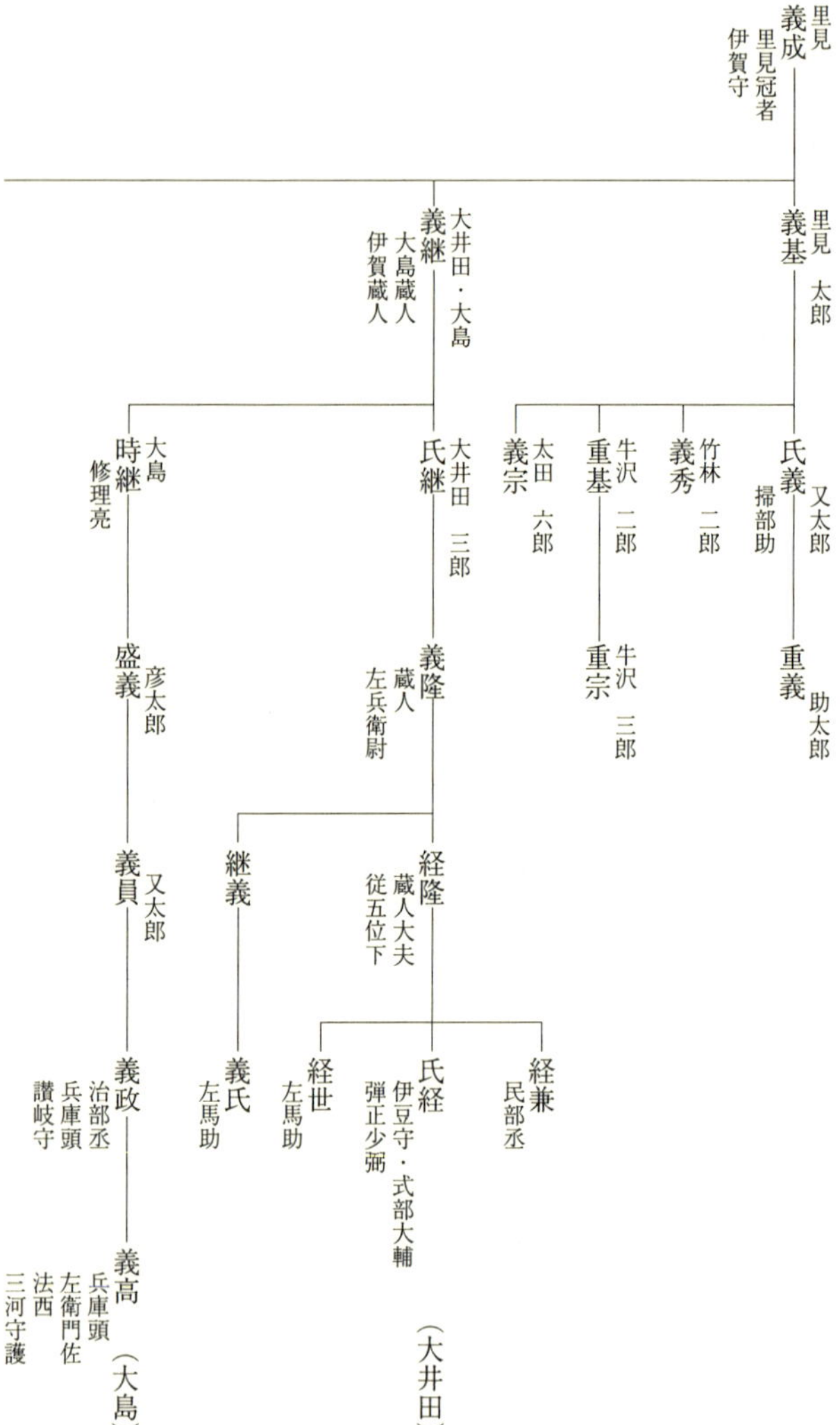

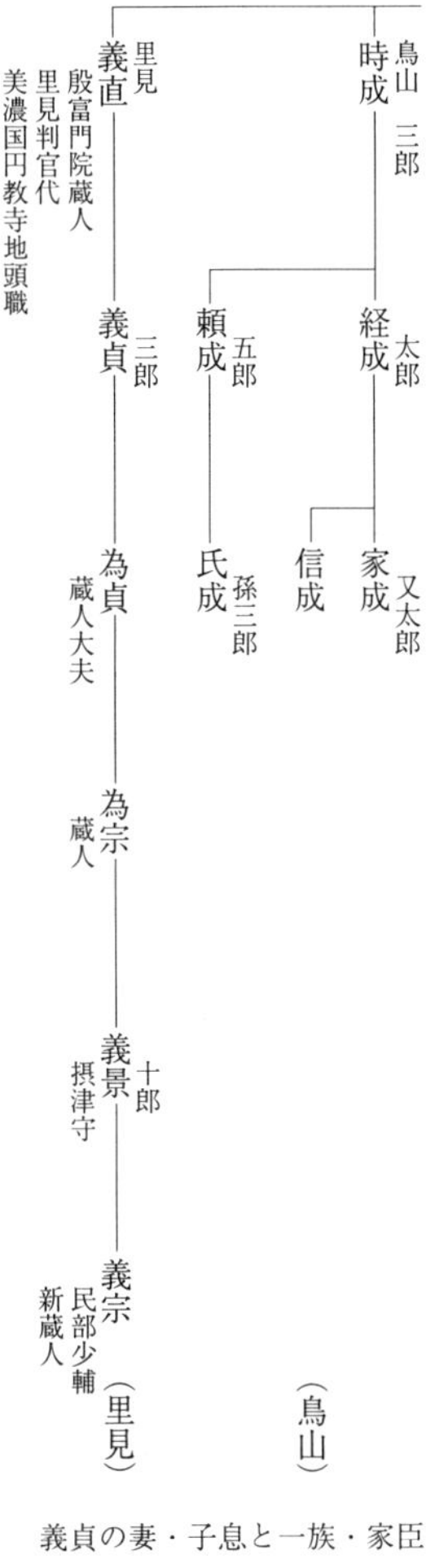

の尊氏追討のための新田義貞の関東下向《げこう》に参加して以来、義貞と行動を共にしている。尊氏の九州への敗走後、播磨の経営に従事し、また備中福山《びっちゅうふくやま》城を占領し、一時ここを守備した。尊氏の反攻が始まると湊川合戦に従事し、後醍醐天皇・新田義貞の比叡山退去、義貞の越前落ちなどに参加している。しかし一時妻有荘に帰り、軍勢を集め、暦応元年六月に大軍を率いて越前に来援している。義貞戦死後、越後に帰ったと考えられ、文和元年閏二月に新田義宗・義興が宗良親王を奉じ、直義《ただよし》派の上杉憲顕《のりあき》と結んで蜂起すると、その軍に参加して武蔵笛吹峠《むさしふえふきとうげ》合戦などに参加している。新田氏の越後山間部の拠点を確保し、それを南朝勢力の後方基地とした功績は大きい。

大井田義氏

石見での活動

大井田氏では、氏経の従兄弟に当たる左馬亮義氏の三河・石見《いわみ》での活動がある。義氏は建武三年四月に三河に侵入し、六月にかけて吉良《きら》荘などで合戦し、守護方の仁木氏に遠江へ追い落とされている。八〜九月には遠江の天竜川《てんりゅうがわ》などで合戦し仁木義高《よしたか》を殺している（建武三年九月仁木義長《よしなが》軍忠状「古文書集」）。暦応二年から一転して石見国に現れ、七月に邑智《おおち》郡市山《いちやま》城に楯籠もり、守護上野頼兼《うえのよりかね》の軍と戦っている（小笠原貞宗代竹田《たけだ》弥三郎入道軍忠状「庵原《いはら》文書」）。翌三年八月には、美濃郡豊田《とよだ》郷工藤三郎城に「先国司日野宰相《さいしょう》」「国司家日野左兵衛佐」を擁して合戦している（三井資基《みついすけただ》軍忠状写「萩藩閥閲録《はぎはんばつえつろく》」）。十二月に入ると日野左兵衛佐らは工藤三郎城を守り、その周辺でも合戦を行っている（鷲頭弘員《わしずひろかず》注進状「三浦家文書」）。やがて、康永元年二月十七日に那賀《なか》郡小石見《こいわみ》城に楯籠もっていた「総大将新田左馬助義氏《よしうじ》」は、守護方の軍に攻められて降参している（逸見大阿《はやみだいわ》代子息有朝《ありとも》軍忠状写「小《こ》早川《ばやかわ》家証文」、吉川辰熊丸《きつかわたつくままる》代須藤景成《すどうかげしげ》軍忠状「吉川家文書」）。このように、義氏の石見における活動は、石見国司家の日野氏を擁して足利方守護上野頼兼《うえのよりかね》と互いに国人層を結集し合って戦ったのであるが、最終的には鎮圧されている。義氏の記録は、『太平記』などの軍記物語には全く現れず、もっぱら敵方の軍忠状にのみ姿を現わす点に特徴があり、その史料の信憑性《しんぴょうせい》は高い。

8 足利方の守護となった大島氏・世良田氏

建武政府のもとで、岩松経家《つねいえ》は飛驒《ひだ》、堀口貞政は越前の守護にそれぞれ補任《ぶにん》された（「由良文書」「円覚寺文書」）。その後、新田一族の中には足利政権のもとで室町幕府守護となったものが数名見られる。

大島義政

建武二年十一月、義貞の尊氏攻めに大島讃岐守《さぬきのかみ》（義政）は参加したが（『太平記』）、その後は義貞方から脱落し尊氏方に帰属したと思われる。建武三年二月、京都争奪戦に敗れた尊氏が西走する時、播磨の室泊《むろどまり》で軍議を開き、中国・四国方面の侍大将を任命している。この時、新田大島兵庫守義政は周防《すおう》の大将に任じられている。観応の擾乱《じょうらん》では義政は足利方として活躍している。観応二年（一三五一）十二月十六日、上野国の大胡《おおご》・山上《やまがみ》一族は「新田ノ大島ニ取立」ということで、伊豆薩埵《さったやま》山合戦の後詰《ごづめ》（後方支援）のため足利尊氏方にて蜂起し、世良田に駐留していた足利直義方の上杉氏家臣長尾《ながお》氏と戦って敗れている。その後、上野守護宇都宮氏綱《うじつな》が長尾軍を打ち破り、上野方面の味方を引率して伊豆に進撃している（『太平記』）。それに先んじて足利尊氏は、十月十一日に大島讃

大島義政と渕名荘

岐禅師義政に上野国渕名《ふちな》荘を与え、義政を味方に引き付けたが、その後同三年正月二十

日には行政機構の混乱から、同じ渕名荘が伊豆走湯山《はしりゆさん》へ造営料所《ぞうえいりょうしょ》として寄進されるという事態が起こった。この二重給付の処理として、幕府は渕名荘を「中分《ちゅうぶん》」（折半）してそれぞれ半分ずつ知行《ちぎょう》することとし、その執行を上野守護宇都宮氏綱に閏二月十六日に命じている（「宇都宮氏家蔵文書」）。

三河守護大島義高

義政の跡は義高（兵庫守・左衛門佐）が継ぎ、三河の守護になっている。新田大島義高《おおしまよしたか》は延文《えんぶん》五年（一三六〇）十月六日から応安《おうあん》六年（一三七三）六月八日まで、三河《みかわ》国守護として在職したことを示す文書七点が見られる（佐藤進一『室町幕府守護制度の研究』上）。義高はこの間、前任者の仁木義長《にきよしなが》のあと一三年にわたって東海道《とうかいどう》の要地三河の守護となり足利政権を支えた。

義高の関連文書

上総守護世良田義政

上総での新田氏関係の守護の活動は、貞治《じょうじ》三年（一三六四）四月から七月にかけて世良田伊予守義政宛の文書三点が見られる（佐藤進一氏前掲書）。

ところが義政は貞治三年七月に失脚している。『鎌倉大日記《かまくらおおにっき》』に「上州《じょうしゅう》住人世良田伊予守義政七月廿七日御勘気《ごかんき》を蒙《こうむ》り、同廿八日討手を向けられ如来堂《にょらいどう》において自害」とあり、足利基氏に滅ぼされるのである。この事件は、基氏が八月二日甲斐《かい》の南部《なんぶ》右馬助《うまのすけ》宛に発した軍勢催促の御教書に「義政・景安《かげやす》誅伐《ちゅうばつ》の事、御用心有るところなり」とあり（「諸家文書纂《しょけもんじょさん》」）、また「貞治三年庚辰《かのえたつ》八月、勢良多《せらだ》（世良田）兄弟三人ならびに梶原《かじわら》入道子息、鎌倉において討たる」（『常楽記』）とある鎌倉における騒動である。この事件は、いかなる背景において生じたのか、また世良田義政がどのように関与して兄弟三人で討死することになったのか全く不明であるが、ともかく義政の失脚は明らかである（小国浩寿「上総守護と世良田義政事件」）。佐藤進一氏は、「義政は新田岩松を称し、又世良田を称した。系図によれば、政経の子で、頼宥《らいゆう》・経家《つねいえ》・直国《ただくに》の兄に当る」としているが、これは金ヶ崎城で討死した岩松義正《よしまさ》と誤認しており、義政は岩松氏ではなく世良田氏である。

文和元年（一三五二）十二月二十七日、鎌倉法泉寺《ほうせんじ》領上野国雀袋《すずめぶくろ》（所在不明）・戸矢《とや》（甘楽《かんら》町）の両郷が大島義高の配下や長尾景忠《かげただ》によって違乱《いらん》されているという訴えにもとづいて、尊氏はそれを停止するよう上野守護宇都宮氏綱に命じている（「蜷川《にながわ》親治氏所蔵文書」）。

所領乱発の混乱

義高らはこの地を「拝領《はいりょう》」したと称していることから、観応の擾乱の際の所領乱発が招いた混乱が原因と考えられる。大島義政・義高は新田荘東部の「大島六郷」といわれる大島・太田・鳥山・長手《ながて》・東牛沢《ひがしうしざわ》・高林《たかばやし》など六郷を支配していたと考えられる（「正木文書」）。

9　岩松経政と岩松頼宥

経家

岩松経家《つねいえ》は、義貞の鎌倉攻めに参加し大功を立て、その後は足利尊氏に属して飛驒国守護に任じられ、建武二年の中先代《なかせんだい》の乱で北条時行《ときゆき》の鎌倉攻めを武蔵女影原《おなかげはら》に迎え撃って討死した。この経家と兄弟と考えられる人物に新田遠江又五郎経政《つねまさ》（左馬亮）がいる。

経政

経政は義貞の鎌倉攻めでは、一方の侍《さむらい》大将《だいしょう》として熊谷虎一丸《くまがいとらいちまる》提出の軍忠状に証判《しょうはん》を与え（「熊谷文書」）、建武三年三月に陸奥国行方《なめかた》郡の小高《おだか》城（福島県小高町）に相馬一族が楯籠もった際、相馬一族との縁戚関係を理由に軍勢催促を受け、田嶋《たじま》小四郎を代官として派遣している（「相馬文書」）。

頼宥

この経政とは別に、足利方の武将に岩松禅師頼宥がいる。建武二年十一月、鎌倉に向けて進撃する新田軍を箱根竹ノ下に迎え撃つ足利軍のなかにその名が見られ（『太平記』）、敗走する新田軍を追って京都に入ったと考えられる。その後に京都での北畠顕家軍との合戦で敗れ、足利尊氏は九州に敗走する。その途中の丹波国室泊の軍議で中国・四国・九州の各地に武将の配置を決めているが、尊氏は来るべき反攻に備えて頼宥を近江国甲《こう》賀《が》郡の奥地の油日《あぶらひ》（甲賀町）に残留させたことが、次の文書によってわかる（「小佐治《おさじ》文書」）。

甲賀郡油日に残留した頼宥

系図7　岩松氏系図（---は推定）

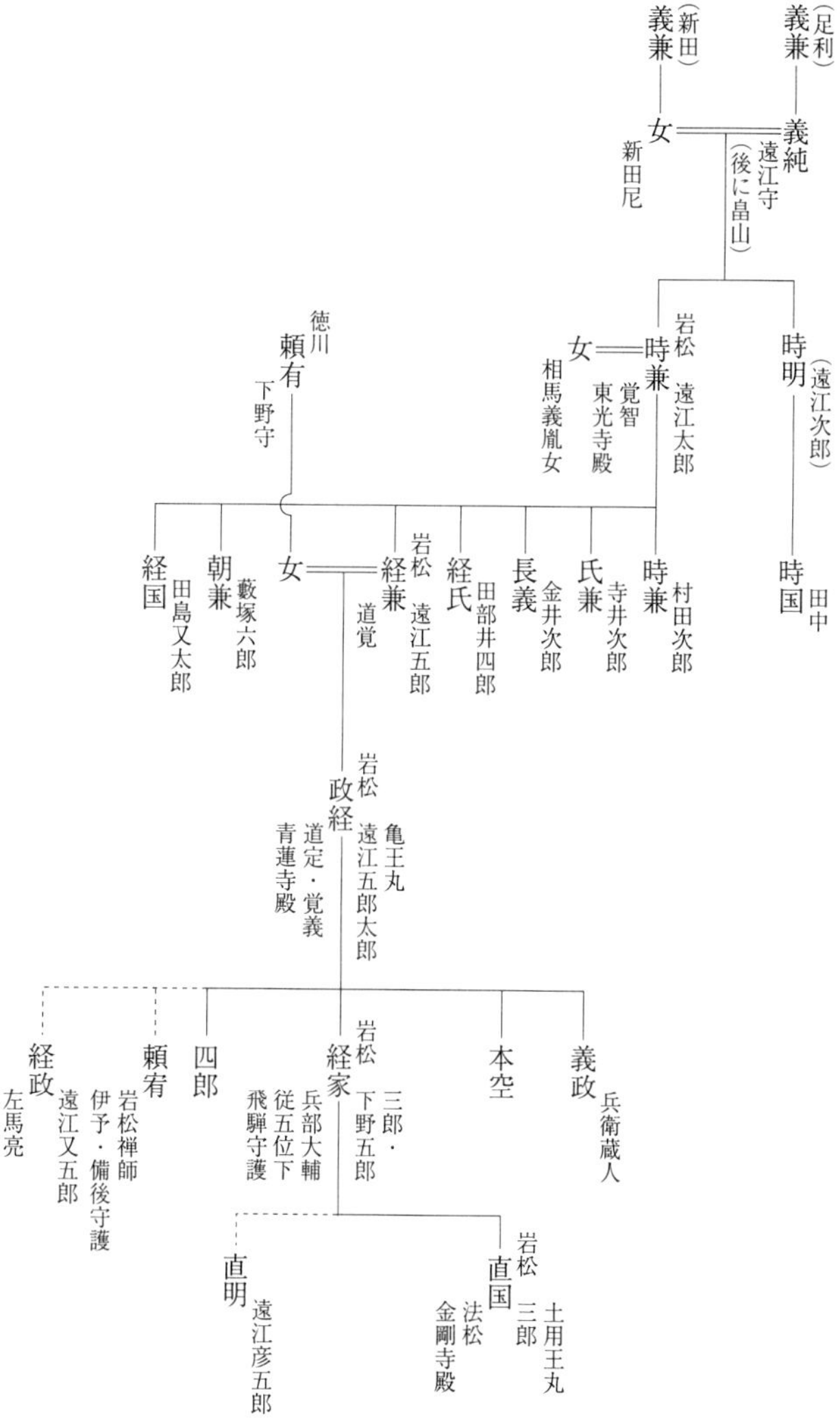

（足利）義兼
義純
遠江守
（後に畠山）
（新田）義兼
女
新田尼
時明
（遠江次郎）
時国
田中
岩松
時兼
遠江太郎
覚智
東光寺殿
女
相馬義胤女
徳川
頼有
下野守
時兼
村田次郎
氏兼
寺井次郎
長義
金井次郎
経氏
田部井四郎
岩松
経兼
遠江五郎
道覚
女
朝兼
藪塚六郎
経国
田島又太郎
岩松
政経
亀王丸
遠江五郎太郎
道定・覚義
青蓮寺殿
義政
兵衛蔵人
本空
岩松
経家
三郎・
下野五郎
兵部大輔
従五位下
飛騨守護
四郎
頼宥
岩松禅師
伊予・備後守護
経政
遠江又五郎
左馬亮
岩松
直国
土用王丸
三郎
法松
金剛寺殿
直明
遠江彦五郎

近江国御家人小佐治右衛門三郎基氏《もとうじ》申す軍忠の事

右、大将足利岩松殿御教書を賜り、油日嵩《あぶらひだけ》龍山寺《りゆうざんじ》城郭を構え、大将軍を入れ奉《たてまつ》り、一族を相催して日夜警護を致しおわんぬ。而《しか》して御入洛《ごじゆらく》御供《おとも》仕《つかまつ》るべき処、かの城郭を守護すべきの由、仰《おお》せを蒙るの間、これに楯籠《たてこ》もる所なり。然《しか》れば、早く御判《ごはん》を賜り、後証《ごしよう》に備えんがため、恐々言上くだんの如し。

建武三年六月　日

承《うけたまわ》りおわんぬ（花押）

この花押は、他の文書の岩松頼宥の花押と同一のもので、頼宥が小佐治氏の軍忠状に署判を下した大将であることがわかる。油日は近江から伊賀に通じる交通の要衝で、野《や》洲川《すかわ》の北に走る東海道《とうかいどう》にも近い。ここの油比嵩《あぶらひだけ》（油井岳、標高六九四メートル）にある龍山寺城を構築して、この地域の武士たちに擁せられて頼宥は勢力を蓄えて時節の到来を待った。やがて、頼宥は湊川合戦で新田・楠木《くすのき》軍を撃破して上洛《じようらく》する尊氏軍に合流して活躍する。その際、小佐治氏は後方の備えとして油日城を守備したというのである。

直国の上洛

この時、経家の嫡子岩松三郎直国も東国の軍勢とともに上洛し、足利直義の命によって東坂本《ひがしさかもと》に向かう予定を変更して西坂本に急派されている（「正木文書」）。足利軍は西坂本から比叡山に押し寄せ一大攻防戦が展開されたが、義貞らは比叡山の防衛拠点を守り抜いた。この戦闘では、義貞と岩松直国・頼宥という、ともに新田荘を基盤とする同族が敵味方に分かれて戦う場面が出現したと思われるのである。この合戦で、新田方は千《ち》種忠顕《ぐさただあき》が戦死し、足利方では高師重《こうのもろしげ》が戦死した。なお、頼宥軍のなかには六月十九日の竹田《たけだ》河原（京都市伏見《ふしみ》区）の合戦以来、下野の小野寺《おのでら》八郎左衛門（顕道《あきみち》）が参陣している（「小野寺文書」）。

備後国へ

その後、頼宥は備後国に赴く。建武三年十月に竹内《たけうち》弥次郎兼幸《かねゆき》の余党が有福城（甲奴郡）に楯籠もっているのに対し、山内一族中に発向を命じている（「武家雲箋《ぶけうんぜん》所収文書」）。

伊予における活動

建武五年二月二十日には伊予国の南朝方討伐のため備後から伊予国に渡り、三島《みしま》社に戦勝祈願を依頼している（「集古《しゅうこ》文書」）。それ以来、伊予における活動が見られ、暦応三年九月十八日幕府は河原《かわはら》荘公文名雑掌成光《くもんみょうざつしょうなりみつ》の申し立てによって、宗真《そうしん》法師以下の濫妨《らんぼう》を停止し下地《したぢ》を成光らに渡し付ける旨《むね》の遵行《じゅんぎょう》を頼宥に命じている。このことから、この間は伊予国守護として在国していたと考えられる（佐藤進一『室町幕府守護制度の研究』下）。

備後国守護

なお、観応の擾乱期には、頼宥は観応二年八月から文和五年三月にいたるまで備後国守護として活動が見られ（佐藤前掲書）、備後国内の世良田右京亮《うきょうのすけ》跡《あと》を勲功の賞として与えられている（「正木文書」）。この所領の所在地は明らかでないが、頼宥が居城とした勝戸山《しようのとやま》城（正戸山城、福山市《ふくやま》）の地域と想定される。観応の擾乱における頼宥は、足利尊氏方として中国・四国地域に守護として転戦したが、新田荘内にも所領を持ち、後に新田義貞の鎮魂・慰霊に関係してくるのである。

三　義貞家臣——船田氏・由良氏など——

1　新田家執事船田氏

船田氏

義貞家臣としては、新田家執事の船田《ふなだ》（舟田とも記す）氏を筆頭に、由良・山上・長浜・篠塚《しのづか》氏らが『太平記』にしばしば登場する。しかし、これら船田氏などの家臣については意外なほど明らかではない。ここでは船田氏・由良氏など有力家臣についてふれてみたい。船田氏は、正和《しようわ》元～二年（一三一二～一三）に焼失した長楽寺再建のため、義貞父の朝兼《ともかね》の使者として所領の売却を担当した船田孫六入道政綱（妙質《みようしつ》）が確認される（「長楽寺文書」）。その子息か兄弟と推定される船田入道義昌・船田長門《ながと》守経政が義貞に随従して全国的に活躍した（『太平記』）。この船田義昌は、幕府の命で世良田への有徳銭《うとくせん》（富

船田氏は紀氏

裕税）の徴収に入部して義貞に捕らえられた紀出雲介親連《きのいずものすけちかつら》を、その一族の故をもって助命嘆願をしたので、親連は義貞家臣の長浜氏にお預けの身となった（「鑁阿寺新田・足利両家系図」）。それ故、親連が紀氏であることから（『尊卑分脈』「紀氏系図」）、船田氏も同じ紀氏と推定される。

源氏と紀氏

「紀氏系図」には、次のような記載がある。

この泰政《やすまさ》は、頼光系源氏の仲正（政）の実子で頼朝《よりとも》蜂起に先立って以仁王《もちひとおう》とともに宇《う》治平等院《じびようどういん》に討死した源頼政《よりまさ》の弟が養子となったもので、源氏系の血筋を引いているという。その祖父の公貞《きみさだ》は前九年・後三年の奥州合戦の時、頼義《よりよし》・義家《よしいえ》軍に参加して名をあげ、その母は頼信《よりのぶ》（頼義父）の娘であるという。そして、泰政の子泰光は美濃国池田《いけだ》郡司となり、治承《じしよう》・寿永《じゆえい》内乱では頼朝方として蜂起し、平知盛《たいらのとももり》軍と戦い泰政以下一族郎党《ろうとう》一五〇人が討死したといい、その勲功で子孫が繁栄したという。貞政《さだまさ》・貞綱《さだつな》の記載「鎌倉」「鎌倉山合戦」とは、治承四年（一一八〇）に伊豆に蜂起した頼朝方が行った石橋山《いしばしやま》合戦の前後の合戦のことであろう（「治承五」の年紀は誤りか）。

「紀氏系図」

「紀氏系図」の特徴は、源氏とのつながりが強調され源氏の家人となった人々が記され、嫡流家以外には、紀三・紀四・紀五・紀七・紀六・紀七・紀八といった数字を付し

系図8　紀氏略系図（『尊卑分脈』四、『群書類従』五による。後者により「奉」を「泰」に改める）

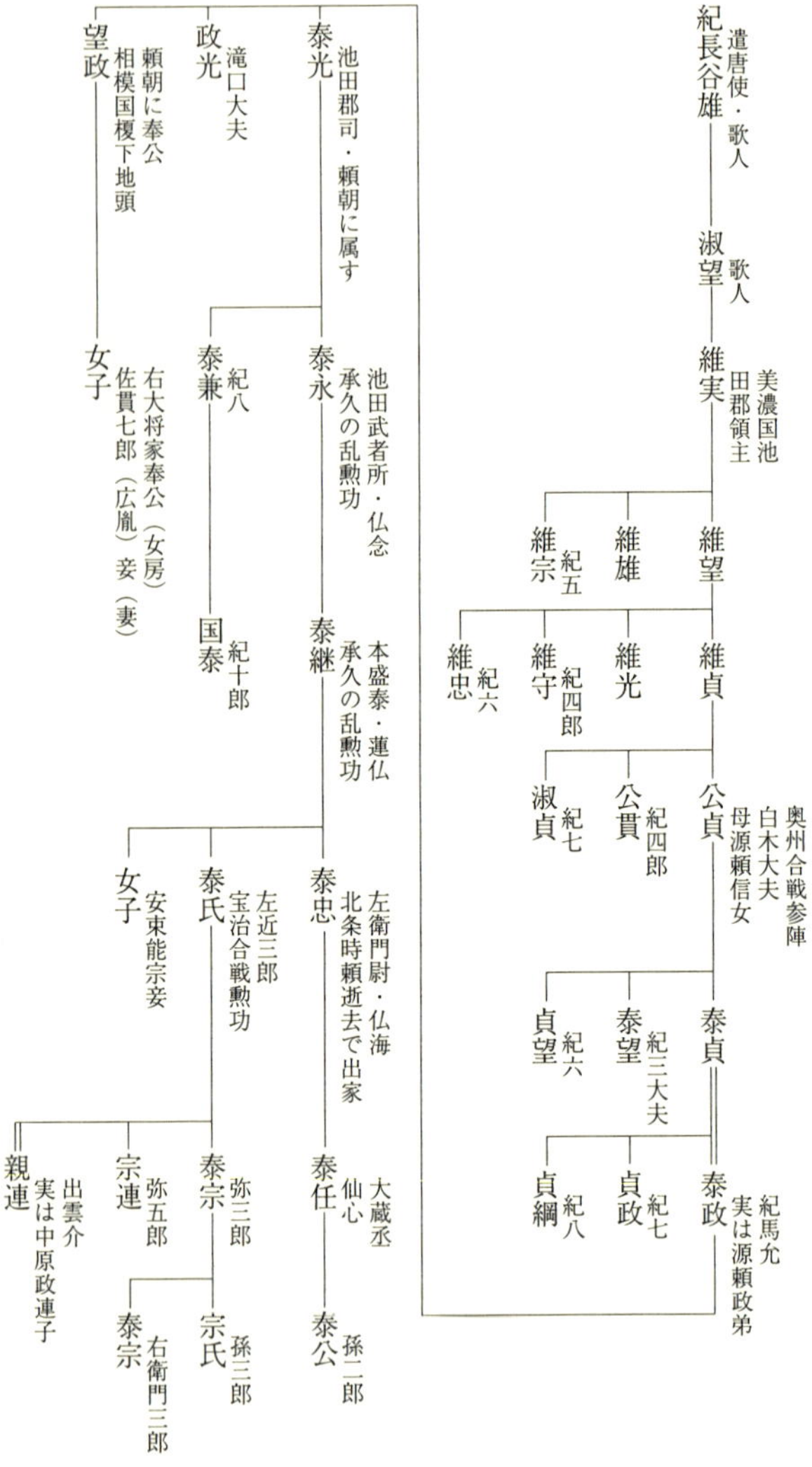

た庶家《しよけ》を分出していることである。

紀氏の性格

紀氏は、武内宿禰《たけしうちのすくね》を祖とする中級貴族で紀貫之《つらゆき》・紀友則《とものり》といった歌人を輩出した文人の家と考えられているが、実は坂上・小野氏等とともに近衛の将官の家系で、兵事を家業としている家である（高橋昌明『武士の成立　武士像の創出』）。その流れが石清水八幡宮の社官ともなり、清和源氏やその他の有力武士とのつながりを持つようになった。また、一方の流れは朝廷蔵人所《くろうどどころ》所管の御厨子所《みずしどころ》預職《あずかりしき》を継承し、朝廷の御膳《ごぜん》の供進を行い、その関連で諸国の御厨《みくりや》や供御人《くごにん》との関わりを持ち魚介類の貢進《こうしん》に関与した。この系統に武蔵の品川《しながわ》・大井《おおい》・春日部《かすかべ》氏などが位置づけられる。下野宇都宮氏に臣従した紀清両党といわれ芳賀郡を拠点として芳賀《はが》氏・益子《ますこ》氏は、「紀氏系図」のなかの別系統、清主（「住下野国、下野大丞」）とその子朝氏（「化検校」）・長有（「芳香小太郎」）兄弟との関連を有すると思われる（ただし、芳賀氏は清原氏を名乗る。須藤聡「奥州周辺地域の武士団形成―下野国を中心に―」）。その他、薩摩国島津荘で千葉常胤の代官となった紀太清遠（一―一五〇）、平家郎従で伊賀田黒田荘下司となった紀七景時（一―一三三）、薩摩国図田帳に「嶋津御庄寄郡郷司紀六大夫正家」と記され、宮里郷公領六十一町余を領有した人物（二一―九一三）などが見出される（（　）内は『鎌倉遺文』巻―号）。源氏に臣従した系統のなかでは、源氏の分割に応じて紀氏も嫡流家（頼義《よりよし》―頼朝系）や新田氏・足利氏などに分かれていき、嫡流家が三代で絶えるとその系統は北条得宗家に吸収されていったと推定される。

新田荘における四人の紀氏

鎌倉末期の新田荘地域には、前述のように長楽寺を再建した大谷道海、有徳銭徴発に新田荘に入部して捕らえられた得宗被官の紀出雲介親連、足利千寿王（後の義詮）を擁して世良田に倒幕蜂起した紀五左衛門尉政綱、そして新田義貞家臣の船田義昌など四人の紀氏の活躍が見られる。船田氏は清和源氏の重代の家人として、義重流新田氏に代々臣従してきたと考えられる。

紀姓船田氏

この紀姓船田氏の名字の地は相模《さがみ》国愛甲《あいこう》郡にある『倭名類聚抄《わみょうるいじゅうしょう》』所載の古代の郷名船田郷を引き継ぐものではあるまいか。紀氏のなかには武蔵国に土着して大井実春《さねはる》・品河清実《しながわきよざね》・春日部実高《かすかべさねたか》など幕府御家人となった人物もいるが、船田氏は新田氏の家臣となってとりわけ義貞を支えて活躍することになる。

新川善昌寺

新田氏の家臣となった船田氏は、当然のことながら新田荘内に所領を持ったはずである。その場所を特定する直接の史料はないが、船田義昌が新川《にっかわ》の善昌寺《ぜんしょうじ》の開基《かいき》となって寺を再建したとされることから、当時は新田荘の東北部に位置する新川郷を所領にしていた可能性が高い。

「金山殿」は船田氏

赤城南麓の群馬県宮城《みやぎ》村三夜沢《みよさわ》に鎮座する赤城神社に所蔵されている「赤城神社年代

記」（真隅田《ますだ》家本）には次のような記載がある。

①嘉禄元 乙酉《きのととり》、御宮西宮御普請《ごふしん》、本願《ほんがん》当国金山殿御沙汰也、桧皮《ひはだ》六百、板数十、上棟日御幡一流・神馬《しんめ》・俵物《たわらもの》等也、御太刀・鉾《ほこ》、御本願奉納、勝盈《かつみつ》代ナルベシ、
②貞永元 壬辰《みずのえたつ》、今年七月一日、当国金山殿《かなやまどの》御宮御修復、御寄進、
③嘉禎二丙申《ひのえさる》、新田殿御子達両人参詣、
④同　三丁酉《ひのととり》、今年二月新田殿御参詣、
⑤建長元 己酉《つちのととり》、御宮上葺、七月一日新田殿参宮、御逗留《とうりゅう》、
⑥元弘元 辛未《かのとひつじ》、今年、新田殿神馬御奉納、

③〜⑥は、新田氏の赤城神社への修復や参詣の記録で、③では新田政義《まさよし》の子息政氏《まさうじ》と家氏（大館氏）が参詣し、翌年④政氏が参詣している。⑤は義貞祖父の基氏の参詣で、⑥は義貞が神馬を奉納している。問題は①②で、赤城神社の本願としてその修復負担の寄進をしている金山殿は誰であり、金山という地はどこかということである。「当国」とあるから上野国内にそれを求めると新田金山（太田《おおた》市、後に金山城を築く）と平井金山（藤岡《ふじおか》市）がよく知られている。しかし、新田荘西北部のもう一つの金山が存在した。この金山を、「赤城神社年代記」にある「金山殿」の金山に比定することが可能である。

天神山凝灰岩の産地

新川善昌寺の五輪塔群
（中央は新田義貞供養塔と伝承される．久保康顕氏撮影）

新田荘の立地する大間々《おおまま》扇状地《せんじょうち》の扇端部に鹿田《しかだ》山《やま》という独立丘陵があり、その南に石造物の石材となる良質の凝灰岩を産出する天神山がある。鹿田山の西に連続して連なり天神山の北にあるのが金山であり、金山の西南麓で早川《はやかわ》の東に接して金山（現在は中島《なかじま》という）という集落がある（笠懸町《かさがけ》西鹿田《さいしかだ》）。赤城東南麓のこの地域には金山神社や新川善昌寺末寺の長昌寺《ちょうしょうじ》がある。金山神社は、応永十年（一四〇三）九月の「村田郷地検目録《むらたごうちけんもくろく》」に「一所　金山御新田　一ミやう房　田一反大　畠半」とあり、新田荘村田郷内に金山神社の神田が設定されている（「正木文書」）。善昌寺・長昌寺には鎌倉末・南北朝期の天神山凝灰岩製の層塔《そうとう》・宝篋印塔《ほうきょういんとう》などがある。なお現在の長昌寺は江戸時代に移建されたもので、元地は東北方の小字寺内《てらうち》にあった。この元寺地の北に接して小字寺内出《てらうちで》には一町（約一〇〇メートル）四方の一部土塁《どるい》を残した館跡がある（以上『笠懸村誌』）。これを船田氏の館跡に比定することは可能である。この地は中世では新川郷と鹿田郷の境目に当たり、船田氏が両郷の領主支配を行っていたと思われる。これらの地域は、嘉応《かおう》二年（一一七〇）の「新田庄田畠在家注文」に次のように記されている（「正木文書」）。

一、につかハの郷　田十七町一反三十たい　畠十二町三反廿五たい　在家廿六ちや（う）う
一、しかた（鹿田）の郷　田五町八反十たい　畠四町　在家七う
一、きたしか（北鹿）田の郷　田二町九反三十たい　畠三町　在家一う
一、あさミ（阿左見）の郷　田四町一反三十たい　畠四町三反廿たい　在家七う

それぞれの郷が、かなりの田畠在家を持っていたことがわかる。このように考えると、鎌倉時代末期を中心に上野・武蔵の地域に幅広く供給を行った天神山凝灰岩は船田氏の所管として豊富な新田氏の財源を形成していたと考えられる（第一―三参照）。

新田氏の財源

なお、応永十七年四月七日の「上今井郷地検目録」の在家のなかに、「いしわりかきうち一宇　畠一町二反　分銭五貫文　はんしやう孫五郎　出作」とあり、「いしわり」（石割）の「はんしょう」（番匠）、すなわち石工の存在が知られる（「正木文書」）。天神山凝灰岩の切り出しに従事した職人であろうか。

石工

義昌

船田義昌（船田入道）は、元弘三年（一三三三）の楠木正成《まさしげ》の籠もる千早《ちはや》城攻めに参加し、義

貞の命で後醍醐天皇の倒幕綸旨《りんじ》の獲得に奔走した。鎌倉攻めでは義貞に近侍して活躍し、鎌倉制圧後は落武者狩りの責任者となり、北条一門の塩田俊時《しおだとしとき》自害の際、その臣狩野重光《かのうしげみつ》が主人の武具・財宝を隠していたのを探索して首をはね、北条高時嫡子邦時《くにとき》をその家臣五大院《ごだいい》宗繁《むねしげ》の通報で捕らえたりした。建武二年（一三三五）鎌倉で建武政府に対する足利尊氏の反逆が明らかになった時、尊氏の三条高倉《さんじょうたかくら》の宿所を急襲して中門の柱を切り落とした。箱根竹《たけ》ノ下《した》の合戦では活躍したが敗れ、京都の北白河《きたしらかわ》・粟田口《あわたぐち》の合戦では、敗軍のなかで討死にした。

船田経政

　義昌の跡を継承した経政（長門《ながと》守、義昌の嫡子か弟か不明）は、箱根竹ノ下の合戦に活躍、近江三井寺《みいでら》の合戦で勝利した義貞が坂本に引き上げようとしたとき、これを諫《いさ》めて翻意させてその後の勝利に貢献した。坂本の合戦では経政の手のものが高《こうの》豊前《ぶぜん》守（師景《もろかげ》か）を捕らえ、これを山門破壊の罪でさらし首にした。金ケ崎城の落城の際は脱出してその後の活動も見られるが、藤島《ふじしま》での義貞自害以前に死亡したと思われる。

　なお、建武二年七月二十日越後国宣案の宛書《あてがき》「御目代殿」に朱書の注記で「船田入道」とあり（「中条《なかじょう》文書」）、義貞の国司・守護兼帯の越後において義昌が越後目代であったと推定される。

2 由良氏の実像

丹党由良氏

船田氏に次ぐ有力家臣は由良氏である。この由良氏は戦国期に新田金山城主として東上野の戦国領主として活躍する由良成繁《なりしげ》・国繁《くにしげ》とは名称の踏襲《とうしゅう》はあっても系譜的にはつながらない。戦国期の由良氏は武蔵七党猪俣党《いのまた》横瀬《よこせ》氏の出自であるが、義貞家臣の由良氏は武蔵七党丹党《しちとうたんとう》の出自で、同じ新田氏家臣の長浜氏と同族である。鎌倉期には新田氏に臣従し新田氏の拠点の由良郷の一部を所領に与えられて由良を称したと考えられる。長楽寺の再建の際、大谷道海は娘の由良孫三郎景長妻紀氏の名で所領集積を行い長楽寺再建の財源としている（「長楽寺文書」）。義貞家臣の由良景長は妻の名義で義父の再建事業を助成したのである。『太平記』に登場する由良氏には、三郎左衛門尉・新左衛門尉（入道信阿）・兵庫助・美作守・越前守光氏《みつうじ》などがおり、鎌倉攻め以来、義貞等に随従して活躍した。三郎左衛門尉と美作守は越前金ヶ崎城で討死し、越前守光氏はその後に越前で義貞弟の脇屋義助にしたがい活動している。新左衛門尉と兵庫助は義貞子息義興にしたがい、武蔵多摩《たま》の矢口《やぐち》の渡しにおいて義興とともに武蔵守護畠山国清《くにきよ》の手の者に謀殺されている。

由良氏の所領

由良氏の新田荘における所領は、中央部の由良郷から東北部の金山丘陵西南麓の太田・大嶋・鳥山郷などが南北朝内乱以後の新田岩松氏の支配下で「ゆら方」と記されている（「正木文書」）。新田氏の支配体制のもとで、西北部を船田氏、東北部を由良氏が管掌するという配置になっていたと考えられる。

なお、建武二年七月二十日越後国宣案の宛書に「由良入道殿」とありその傍注に「守護代」と朱書きの注記があり（「中条文書」）、義貞の国司・守護兼帯の越後において由良新左衛門尉が越後守護代であったと推定される。

3 その他の家臣

山上氏

山上氏は、新田荘の西に接する山上郷（保ともいう）の領主で、秀郷《ひでさと》流藤原氏の流れを汲む（『尊卑分脈』）。この山上郷地先の石山《いしやま》からは、天神山と類似の凝灰岩が産出し、その石塔類は天神山のそれと流通圏をすみ分けながら新田荘の西の渕名荘地域に分布している。天神山産に比較して質がやや劣りその流通圏は狭い。この石山石材の管轄者に山上氏を想定してよいと思う。山上六郎左衛門は、箱根竹ノ下合戦では義貞精兵の射手「十六騎衆」の一人として活躍している。

丹党長浜氏

長浜六郎左衛門光経《みつつね》は、由良氏と同じ武蔵七党の丹党の出身で、新田軍団のなかでの地位は船田氏に次ぎ由良氏と並ぶものであったらしく、「時ノ侍所《さむらいどころ》」「総大将ノ侍所」といった形容句が長浜の前に付けられる場合がある。箱根竹ノ下合戦、京都合戦、三河矢矧川《やはぎがわ》の合戦での活躍が見られる。山上氏とともに「十六騎衆」の一人である。

篠塚伊賀守

篠塚伊賀《いが》守は、邑楽御厨《おうらのみくりや》篠塚郷の領主で「十六騎衆」の一人。鎌倉攻め、竹ノ下合戦、三井寺合戦、そして義貞没後には伊予瀬田《せた》城の撤収作戦などでその剛勇・大力ぶりを発揮している。

栗生氏

栗生《くりう》左衛門は武蔵入間《いるま》郡栗生村（坂戸《さかど》市か）を出身地とする「十六騎衆」の一人で、篠塚とともに「大力ノ覚《おぼ》へ取リタル悪者」といわれ、鎌倉攻め、竹ノ下合戦、伊豆通過、天竜川の流れ馬救助、三河手越河原渡河、三井寺合戦、金ケ崎救援作戦などで数々の大力ぶりを発揮している。

十六騎衆

その他、「十六騎衆」のなかには杉原下総守《すぎはらしもうさ》・高田薩摩守義遠《たかださつまよしとお》・藤田三郎左衛門尉・同四郎左衛門・同六郎左衛門尉・難波《なんば》備前守・川越《かわごえ》三河守・高山遠江守・園田《そのだ》四郎左衛門・青木五郎左衛門・同七郎左衛門などが見られるが、ここでは名を記すに留めたい。

大森彦七話にみる怨霊

四　鎮魂と慰霊

松尾剛次氏の『太平記―鎮魂と救済の史書―』は、サブタイトルの「鎮魂と救済」の視点から『太平記』の読み直しを行っていて興味深い。松尾氏が取り上げた巻二十三「大森彦七《おおもりひこしち》ガ事《こと》」は、伊予国住人大森彦七盛長《もりなが》一族は湊川合戦に細川定禅《じょうぜん》軍に属して活躍し、新田・楠木軍と交戦して楠木正成を死地に追い込んだ。この功績で所領を得て栄華に暮らし、猿楽《さるがく》に興じる日々であったがそこに楠木正成ほか後醍醐天皇・護良《もりよし》親王・新田義貞・平忠政《ただまさ》・源義経《よしつね》・平教経《のりつね》らの怨霊《おんりょう》が軍勢を催して攻撃し、また多くの化物が襲う。これによって彦七は半狂乱となってしまう。結局、禅僧の勧めで大般若経《だいはんにゃきょう》を真読《しんどく》することによって亡霊も鎮まり彦七も救われ、その波及効果で敵方の脇屋義助・大館左馬助・土居《どい》・得能《とくのう》の輩も滅亡すると記されている。このなかで、義貞らは阿修羅《あしゅら》の家来となって帝釈天《たいしゃくてん》と戦い、ある時は人間界に下って怒り、激しい人の心に入れ替わったりするとも記されている。

この『太平記』の大森彦七話は、非業《ひごう》の最期を遂げた敗者の側が怨霊となって勝者の側に報復するということが当時の人々にまことしやかに信じられており、その怨霊を鎮め、荒ぶる霊魂を救済することの必要性を示すモデルとなっている。南北朝内乱を勝利した側に、この鎮魂と慰霊の課題が残されていたのである。

1　安養寺明王院

掲載した安政《あんせい》二年（一八五五）安養寺村絵図は、詞書《ことばがき》では保安《ほあん》二年（一一二一）の安養寺十二坊の姿を復元的に図示した一山絵図であるという。明王院（大坊）を中心に計一二坊が配置されている。中心の明王院は、方二町（二〇〇メートル四方）の規模を有し、この西南部分を通過する道路開削のための発掘調査が行われた際、南の「寺屋敷」の部分から南北朝期の板碑《いたび》や陶磁器類が多く出土し、明王院南西隅の一角で大規模な堀への一部を確認した。境内には南北朝期の天神山凝灰岩製五輪塔や石仏が林立し、別掲の脇屋義助板碑も存在する。以上の点から、安養寺明王院は、義貞館跡が寺院となった「館寺」と想定され、この絵図は、南北朝期以降の様相を示すものと考えられる。なお最近の仏像調査によって増長天・持国天の二天像は南北朝期のものとして確認された（『尾島町の仏像』）。

岩松氏への恩賞

義貞が越前国藤島で討死してから一三年が経過した観応元年（一三五〇）十二月二十七日、

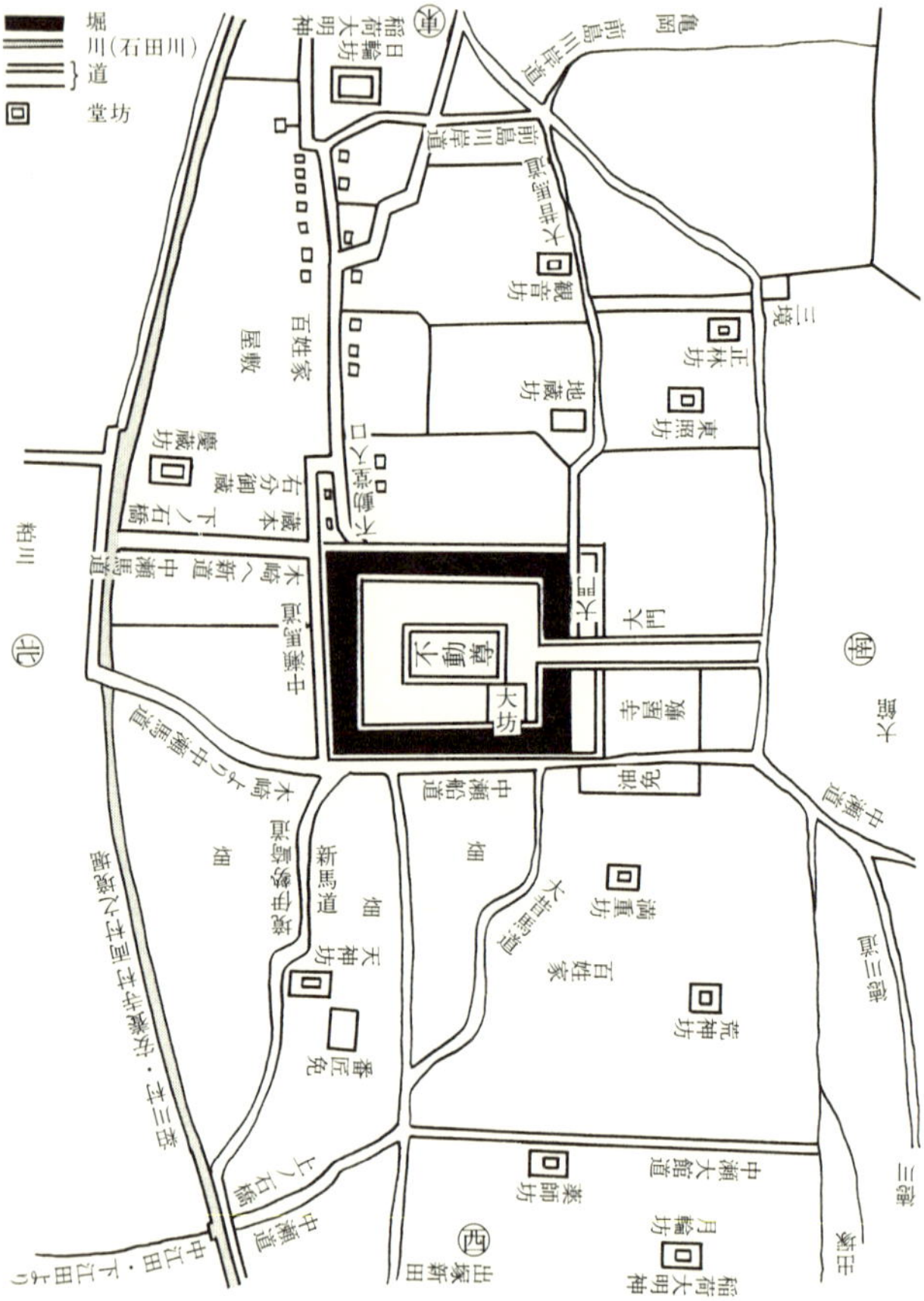

安養寺村絵図

(橋本キヨ氏蔵，峰岸純夫トレース図)

足利尊氏は岩松頼宥に対して「和泉《いずみ》・備後両国内世良田右京亮跡、上野国新田庄木崎村安養寺義貞跡」を「勲功の賞」として与えている。また岩松嫡流家の岩松直国に対しても、貞和三年（三四七）四月二日に「新田庄内由良郷・成墓郷菅塩・金屋両村を加う」、観応元年十二月二十三日に、「新田庄内世良田右京亮ならびに桃井《もものい》刑部大輔跡」が与えられている（以上「正木文書」）。この時点で、建武政府崩壊後の足利幕府の基礎固めがひとまず完了し、新田荘における所領再配分が行われてこの地での岩松氏の支配体制が確立したと考えられる。

由良郷

とりわけ、由良郷は新田嫡流家の本拠地で、二町四方の館跡があり、それに接して先祖伝来の墳墓《ふんぼ》もある（現在の円福寺《えんぷくじ》）。木崎村安養寺は、前述のように義貞館跡の所在地と想定される。前者を岩松経家嫡子の直国、後者を経家兄弟と想定される岩松頼宥が分け持っている点は興味深い。安養寺は新田荘南部の石田川《いしだがわ》と早川に挟まれた地域の小集

安養寺

落で、木崎村（郷ともいう）の飛地であったと思われる。安養寺という寺院が建立されていたので、これが村名ともなっている。この寺の中心の堂が明王院で、ここが義貞の菩提所となった。この地を僧形《そうぎょう》の武将岩松頼宥が知行して、足利尊氏から義貞の菩提を弔う役割を与えられたと思われる。

寺領注文

尊氏が義貞の菩提を弔ったことについては、次の二つの寺領注文（目録）のなかの記載に見られる（「長楽寺文書」）。

①貞治四年（一三六五）七月五日長楽寺了宗《りようそう》寺領注文

一所　八木沼一方　暦応二年十一月十五日　安養寺殿追善料所《ついぜんりようしよ》　将軍家御判《ごはん》

②明徳三年（一三九二）八月十一日以後成立　長楽寺の寺領目録

一、八木沼郷内在家・畠、下江田村内赤堀在家一宇、

惣畠十五町二反、所当五十一貫五百七十三文　此内三十三貫四百文出作分

西谷村在家等事　嘉暦三年十一月八日

田畠十一町九反所当の員数これを見ず、大谷四郎入道々海これを寄進す、

八木沼郷以下散在の地を以て、義貞追善料所と為す、将軍家御判

①の「八木沼一方」を、②では八木沼郷・下江田村・西谷村などの田畠・在家として詳細に示し、鎌倉末期に火災で焼失した長楽寺の再建のために大谷道海によって長楽寺に寄進されたものを、改めて安堵《あんど》したものであることがわかる。①にある「安養寺殿追善料所」の記載は、②では「義貞追善料所」とあり、このことによって「安養寺殿」が

義貞の法号

義貞の法号であることがわかる（尾崎喜左雄『上野国長楽寺の研究』）。さらに安養寺が義貞の

菩提寺であることを証明している。①によって、義貞没後の翌月にその菩提を弔うための所領寄進を長楽寺に行っているのである。安養寺の創建は、それから一一年後の観応元年に岩松頼宥への木崎村安養寺の足利尊氏の安堵状をもって開始されたと考えられる。

尊氏、武家の棟梁となる

足利尊氏は、義貞が越前に没した翌月の暦応元年八月に征夷大将軍となった。このことは、前述のごとく同じ源姓のライバルを打倒して武門の棟梁《とうりょう》としての地位を獲得したことを内外に示すことを意味する。その翌年、暦応二年十月に後醍醐天皇の菩提を弔うために京都に天龍寺《てんりゅうじ》を造営した。また尊氏は、後醍醐天皇が恵鎮《えちん》を派遣して鎌倉小町の北条高時館跡に宝戒寺《ほうかいじ》を建立しようと計画を引継ぎ、文和三年頃に完成させて高時の菩提を弔った。この宝戒寺は関東の天台密教道場として繁栄し、本尊として貞治四年銘のある木造地蔵菩薩《じぞうぼさつ》坐像が安置してある。

天龍寺、宝戒寺造営

尊氏と慰霊鎮魂

政敵として権力闘争のなかで葬り去った後醍醐天皇と義貞、それに北条高時ら三人の菩提を篤く弔ったことについて、尊氏の宗教心の厚さを指摘することも可能である。しかし、それにも増して当時の御霊信仰にもとづき、彼らの慰霊・鎮魂を行うことによって非業の最期を遂げたものの祟《たた》りから免れたいという願望によるものであったことを指摘しておきたい。

2　岩松本「北野天神縁起絵巻」の成立

北野天神縁起絵巻

内乱の第一段階がほぼ終息する貞治六年、義貞没後三〇年となる年、新田荘内岩松郷に鎮座する新田氏の氏神である岩松八幡宮において次のことが行われた。すなわち、良円《りようえん》・良仙《りようせん》という二人の僧が資金を集め、絵師に「北野天神縁起絵巻《きたのてんじんえんぎえまき》」を描かせて寄進したのである。この絵巻の奥書に、いかなる権威に対してもこの絵巻を貸し出したり持ち出したりしてはならないと厳しく記しているにもかかわらず、この絵巻はここを離れて転々としたあげく、数年前に千葉県佐倉《さくら》市にある国立歴史民俗博物館の所蔵品となった。おそらく、岩松八幡宮の境内末社である北野天神社に収蔵されていたものであろう。

天神信仰

八幡宮と天神社がセットで祀られる例は各地に多い。北野天神は権力争いに敗れて九州大宰府《だざいふ》に流された菅原道真《すがわらのみちざね》の怨霊を鎮魂・慰霊するために京都に建立された社で、これが全国各地に勧請されていった。「行きはよいよい、帰りは怖い」と童謡に歌われるように天神は学問の神、酒造の神などとして幸いをもたらすと同時に、時として祟り神と災厄をも与える両面を持った神である。この天神信仰の各地への普及にしたがって

縁起作製の目的

鎌倉・南北朝期に多くの北野天神縁起絵巻が作成・奉納された。菅原道真が祟り神となって自分への加害者を次々に地獄に落とし、やがて北野社に祭られることで事態が収束されるという内容の物語である。非業な最期を遂げた人々を慰霊・鎮魂することで荒ぶる死霊を鎮め、その祟りが生者に及ばないようにすることを動機に作製・奉納する場合も多かった。

新田義貞とその一族・家臣の多くが戦場に倒れ、新田荘にはその死霊がさまよっていた。良円・良仙という僧の系譜は明らかでないが、おそらく新田氏の関係者と想定され、新田一族の氏神である岩松八幡宮にこの絵巻を作製・奉納した意図は、南北朝内乱で戦死した人々の鎮魂・慰霊のためと考えてよいと思われる。

むすび――新田義貞の史的評価――

1　南北朝内乱のなかの義貞

戦前の義貞観

新田義貞の歴史的評価に関しては、鎌倉幕府《かまくらばくふ》の崩壊（元弘《げんこう》の乱）と南北朝の内乱との関連を無視することはできない。戦前の研究史、とりわけ皇国史観においては、後醍醐《ごだいご》天皇の建武《けんむ》政府の樹立は明治維新の王政復古《おうせいふっこ》の先駆として特筆評価され、それを支えた義貞は楠木正成《くすのきまさしげ》と並ぶ「忠臣」として位置づけられ、その対極に「逆賊」として足利尊氏《あしかがたかうじ》が置かれた。

戦後の研究の変遷

戦後の研究は、封建《ほうけん》制の成立という歴史発展のなかに位置づけ直し、南北朝内乱を封建革命ととらえ、古代的な天皇専制（その基礎をなす荘園《しょうえん》制）の復活を目指す建武政府を打倒する封建的武士勢力、その代表の足利尊氏や党的・一揆《いっき》的勢力に「革命的」評価を与えた（松本新八郎『中世社会の研究』）。したがって、これを支えた義貞らは歴史の発展方向に対する「反動」とされた。その後の研究史では、荘園制を古代的とするのではなく中世の基礎構造ととらえ、南北朝内乱は封建権力内部の対立抗争とする説が提起された（黒田俊雄『蒙古襲来』）。また、南北朝内乱は古代から中世封建制という社会構成を規定する変革ではなく、日本の歴史を二つに区分する民族史的変革の時期で、商人・手工業者などが歴史の舞台に登場し「資本主義的」な萌芽《ほうが》が見られる時代への転換期と位置づけた（網野善彦『日本中世の非農業民と天皇』）。これらの学説を踏まえて、元弘の乱や南北朝の内乱を引き起こす蒙古《もうこ》襲来以後の鎌倉末期の社会的矛盾の解明に研究が集中している。

南北朝内乱の原因

私は、この鎌倉時代末期の社会的矛盾を次の三つの視点からみてみようと思う。第一にはトップの権力構造、すなわち朝幕《ちょうばく》国家の矛盾である。鎌倉時代末期には朝廷と幕府が様々な対立関係を含みながら諸権能の分担と東西に支配領域の棲み分けを行い国家支配を実現していた。幕府の形式的トップの将軍には皇族が迎えられて、そのもとで北《ほう》条《じょう》氏の得宗《とくそう》権力が支配権を掌握しており、幕府の京都における出先機関として六波羅《ろくはら》探題《たんだい》が設立されて西国の守護・御家人《ごけにん》の統括を行っていた。朝廷内部にも大覚寺統《だいかくじとう》・持《じ》明院統《みょういんとう》の皇統の分裂抗争があり、幕府の介入で両統迭立《りょうとうてつりつ》という相互践祚《せんそ》方式が成立していた。

朝幕同家の矛盾

第二は朝幕国家の基礎を成す平安末期に成立した荘園制（荘園公領制ともいう）土地支配

荘園制の矛盾

と年貢《ねんぐ》・公事《くじ》徴収のシステムの矛盾の問題である。荘園制（公領を含む）は、本家《ほんけ》・領《りょう》家《け》・地頭《じとう》という重層的に構成された職《しき》をもつ京都や鎌倉の領主階級（公家・武家・大寺社）が定められた年貢・公事収取の配分にあずかり、それを朝幕国家が保証していた。ところが、そのシステム配分の問題や地頭の「非法《ひほう》」をめぐって争いが起こり、その基礎には自然災害による凶作・不作などの農民の闘争があった。また、貨幣経済の浸透に巻き込まれて所領を手放す領主たちの救済のために出される徳政令《とくせいれい》（所領を本領主へ戻す）は本・新の領主間の争いとなり、畿内近国では追放された領主の悪党行動を引き起こした。

得宗専制の矛盾

第三は、幕府の権力構造における得宗専制の矛盾である。北条氏一門内の対立矛盾もあるが、幕府成立期に設定された御家人制という特権的武士身分の指定席が狭隘《きょうあい》なため、その時々の手直しはあるものの御家人対非御家人の矛盾は拡大されており、北条氏の有力御家人抑圧策によって滅亡した比企《ひき》・梶原《かじわら》・畠山《はたけやま》・和田《わだ》・横山《よこやま》・三浦《みうら》・安達《あだち》など各氏の一族や家臣は得宗被官となったものもあるが、多くは逼塞《ひっそく》を強いられて苦難の道を歩いていた。僅かに生き延びていた足利氏や新田氏は常に滅亡の危険にさらされていたといってよい。

蒙古襲来

鎌倉時代の唯一の外国からの侵略である蒙古《もうこ》襲来は、朝幕国家の危機感を強め、九州への軍事的動員体制の強化、大風・台風の襲来という自然の援護もあってモンゴル軍を撃退することに成功したが、そのために奮闘した武士や寺社（祈禱《きとう》）への恩賞《おんしょう》が与えられないこと（敵所領の没収がない点）で不満が強くなり、これに対する徳政令を発布したが、この所領の還補《げんぽ》の矛盾が前記のように発生した（海津一朗『中世の変革と徳政』）。

後醍醐天皇の反幕勢力の結集

このような状況を見てとった後醍醐天皇は、得宗政権に不満を持つ諸勢力、公家や寺社勢力、幕府に不満を持つ御家人、非御家人や幕府に反抗し幕府から「悪党」と名付けられた各地の武士を結集して幕府打倒の行動を開始した。新田氏は有力御家人で実力がありながら、常に幕府から抑圧を受けて上野《こうずけ》国の守護になることができず、幕府成立以後は安達氏、安達氏滅亡後は得宗家の守護支配のもとに雌伏《しふく》を強いられていた。最初に河内《かわち》で倒幕挙兵をした楠木正成の討伐軍に参加していた義貞は、後醍醐天皇からの倒幕の宣旨《せんじ》をうけて、足利尊氏と同様に倒幕を決意して帰国した。その時、楠木合戦の戦費

義貞の挙兵

調達のための有徳銭《うとくせん》徴収使が世良田《せらだ》に入部したのを捕らえて公然たる挙兵に踏み切った。この時は、その後の見通しなど必ずしも持っておらず、ひたすら父祖の怨念を晴らし上野国の国主（守護）となることを目指すに過ぎなかったと思われる。

足利方との対立

しかし、鎌倉攻めは大成功に終わり幕府は崩壊して一挙に建武政府が樹立され、その

有力な武将として位置づけられ、上野国のみならず越後《えちご》・播磨《はりま》の国司・守護になってしまった。その後、鎌倉陥落《かんらく》直後に盟友であった足利尊氏派と鎌倉で勢力を競い合い、義貞にとって屈辱的な撤退を強いられたことで両者の対立は深まり、これが南北朝内乱の一要因となった。両者が協力して建武政府を支えていく道、あるいは建武政府を克服して幕府を再建していく道の可能性もあったと思われるが、両者並び立たず、ひたすら対立の路線を歩むことになったのは、義貞にとって悲劇への選択であった。鎌倉から京都へ、それ以後は故郷に一度も帰ることなく流浪する軍団となって播磨・越前と転戦し、多くの一族家臣の屍《しかばね》を各地にさらし、みずからも越前藤島《えちぜんふじしま》の露と消えた。

新田嫡流家の滅亡

義貞の弟義助《よしすけ》・義治《よしはる》父子、子息の義顕《よしあき》・義興《よしおき》・義宗《よしむね》、船田《ふなだ》・由良《ゆら》氏などの家臣も相次いで義貞の跡を追い嫡流家は滅亡した。天皇親政による一元的政治支配の確立という後醍醐天皇の政治理念（野望）に振り回された生涯といってよい。新田一族のなかでは、岩松《いわまつ》氏が内乱発生とともに足利方に帰属して新田荘の支配権を獲得し、以前から中国地方に根を下ろしていた山名《やまな》氏をはじめとし、大館《おおだち》・里見《さとみ》氏なども次第に戦列を離れて足利方となっていった。内乱の過程で、新田義貞による一族の結集は必ずしも十分なものではなかった。

南朝内部の確執

顕家の義貞に対する評価

転換期の中の義貞

南朝方内部においても、政権の中核をになう北畠親房《きたばたけちかふさ》と総大将格の義貞との間に確執があったと思われる。義貞にはその意向はなかったと思われるが、親房は義貞に対して尊氏同様の将軍を目指す野心の持主とみていたふしがある。直情型で無骨な義貞にとって教養ある思想家、老練な政治家の親房には反発を感じていたかも知れず、両者の関係は必ずしもしっくりしたものではなかった。奥州《おうしゅう》からの北畠顕家《あきいえ》の大軍上洛作戦の際、義貞はこれに応ぜず、顕家が討死してしまったことへの恨みの言葉を記し、それに続く義貞討死に対する評価も以下のようにすこぶる冷たいものであった（『神皇正統記《じんのうしょうとうき》』）。

北国ニアリシ義貞モタビ〳〵召サレシカド、ノボリアヘズ。サセルコトナクシテ(空)ムナシクサヘナリヌトキコ(聞)エシカバ、云バカリナシ。

親房にとっての義貞軍は、使い捨ての軍団でしかなかった。その後、親房は南朝方の体制再建のため常陸《ひたち》に下向し、多くの東国武士と接触してその気風や心情をつぶさに体験することになるが（伊藤喜良『東国の南北朝動乱』）、この時点ではそのような配慮には欠けていたと思われる。

義貞は、鎌倉幕府の滅亡、室町《むろまち》幕府の成立という大きな歴史の曲がり角に華やかに登場し、南北朝の内乱では後醍醐天皇に与同し、建武政権の解体とともに流浪する新田軍団を率いて越前で悲劇的な最期を遂げて太く短い生涯を終えた。

2 義貞は時代遅れの凡将・愚将か

戦後の厳しい評価

義貞の人物論については、戦前の「南朝の大忠臣」「英雄」「勇将」から一転して戦後の「凡将」「愚将」という厳しい扱いに転換している。上横手雅敬氏は「はからずも能力以上の大任が与えられ、ついにそれが果たし得なかった凡将」としている（『新田義貞』）。私も「過去の栄光のみを背負った実直で気の小さい地方武士の青年」と記したとされているが（海津一朗「新田義貞の蜂起」）、それは「実直な東国武士が、鎌倉幕府討滅の大功績で一躍中央政界に躍り出て、その栄光の重荷を背負い続け、南朝方の総大将に位置づけられての生涯であった」（『尾島《おじま》町誌』）というのが正確である。

物語記述の比較

軍記物語研究者の長谷川端氏は、武将の死に対する物語記述を、『平家《へいけ》物語』の木曽《きそ》義仲《よしなか》と『太平記《たいへいき》』の楠木正成と義貞の場合とを綿密に比較し、作者の共感が認められず、義貞は勇将であっても智将ではなく、政治家ではないとしている（『新田義貞』）。①なお長谷川氏は、鎌倉攻めのなかで作者の義貞贔屓《ひいき》への傾斜が、古態《こたい》本から流布《るふ》本に移っていく過程で増幅されていくと指摘している（「後醍醐・正成・尊氏・義貞―『太平記』の主役たち

―」)。②中西達治氏は、正成・尊氏と義貞に対する『太平記』作者の位置づけを検討して、正成は「知謀」と「武略」がことさら虚講・創作されて称揚されるのに比して、義貞の場合は、鎌倉攻め以外において、「例ノ新田殿ノ長僉議《ながせんぎ》」といわれるように優柔不断で戦機を逸する武将として描かれる。尊氏との比較においては、『太平記』が新田・足利の棟梁《とうりよう》権争いと位置づけながらも、対等な評価ではなく将軍尊氏の勝利をきわ立たせる「負け組」の扱いとなっている。京都合戦における一騎打の挑戦の際、家臣の諫《かん》言《げん》を聞き入れてそれに臨まなかった尊氏と、藤島の戦いで家臣の抑止を振り切って敵陣に馬で突っ込み戦死を遂げてしまった義貞とを比較している(「正成と義貞」)。当時の人々の武将としての評価が高かったとしているのは高柳光寿氏ぐらいである(『足利尊氏』)。

時代遅れの武将説

また南北朝内乱史の研究者である佐藤和彦氏は、次のように記している。

この義貞の死を、『太平記』は「犬死」と評し、北畠親房は「義貞も、たびたび召されしかども、のぼりあえず、させることなくして、空しくなりぬ」と『神皇正統記』に記している。それは、歩射《ぶしゃ》隊をともなう集団戦法に不慣れな、あくまでも騎馬隊を主力と考えていたところの、惣領制的武士団をひきいる軍団長の最期であった(『南北朝内乱』)。

これを受けた形で、海津一朗氏は、この場面を「時代錯誤の東国武士の姿が活写されている」として、近江《おうみ》における合戦の際の尊氏への一騎打ちの申し入れが足利軍の失笑を買い、上杉《うえすぎ》氏にこきおろされたこと、戦略を度外視して住民のために浮橋を残し、裏切られる可能性が高い投降者を受け入れたり、戦場での兵粮《ひょうろう》収奪停止の厳法を敷いたりし、総じて戦の作法を重視した武将として描かれ、結局それが裏目に出て惨敗を喫している、としている（『新田義貞の蜂起』）。これらの見解の基礎になっているものは、①義貞の死は「犬死」、②「平場《ひらば》の懸《かけ》」（平地での騎馬戦）が得意、③藤島城付近の戦闘での敗死、④近江合戦における義貞の尊氏に対する一騎打ちの申し入れ、などの『太平記』の記述である。①は、すでに述べたが「犬死」と記されたのは義貞に対してではなく、藤島の最期の場面で何ら主君を救助することなく空しく討たれてしまった義貞家臣に対して発せられた評価で、史料の誤読にもとづくものである。

『太平記』による義貞観の問題点

『太平記』作者の義貞観

②は義貞軍団が古い体質の組織で、平地の騎馬戦は得意だが、歩射部隊を持たずまた歩射に対する防御が弱いという点である。この「平場の懸」の語句は京都の東北方面の戦闘で、高所に陣を敷いた義貞軍に対して尊氏軍が攻撃する際に、尊氏が発した言葉である。すなわち、義貞は「平場の懸」を好むと聞いているのに、平場に展開する足利軍

を山を背にして攻撃して来ないのは、小勢を知られたくないと思っているのだろう。それ故、一気に攻撃せよと高師泰《こうのもろやす》に命じて攻撃した。しかし、新田軍の山岳戦に誘いこまれ、盾に身を隠した射手の待ち伏せ一斉攻撃にあい、散々な敗北を喫してしまうというくだりがある。ここでは、義貞が「平場の懸」を好むという先入観で作戦を立てた足利軍の失敗が語られ、山岳戦にも新田軍が強いということが印象づけられているのである。義貞の本拠地の新田荘は、関東平野の北端に位置し広大な平野をかかえていることはその通りであるが、前述（第一―三）のように新田武士団の武技訓練の場と推定される北部の笠懸野《かさがけの》は、北側を金山《かなやま》・鹿田山《しかだやま》・八王子《はちおうじ》丘陵、さらに金山などの西から東へ連続する丘陵に囲まれ、山地での猟、里での狩りなどを通じて平野・山岳の武器訓練がなされたと考えられ、「平場の懸」のみが得意な武士団ではなかったと思われる。

藤島での合戦の問題点

③は、義貞最期の藤島城付近（灯明寺畷《とうみょうじなわて》）の合戦についてである。佐藤・海津両氏は少数の新田騎馬隊（五〇騎）に対する盾を持った歩射を多く従えた三〇〇騎の足利軍を対比し、軍団編成の相違を主張する。しかしこれは一般化しうる問題ではない。この時は義貞に敵対する平泉寺衆徒《へいせんじしゅと》が籠もる藤島城を包囲している新田軍を督励するために義貞は急いで少数の家臣を引き連れて向かった時のことである。一方の足利軍は藤島城の後

詰として本格的な軍事編成をしてやってきて偶発的な遭遇戦となってしまったのである。そのため盾に身を隠した歩射の一斉射撃に合い、義貞軍は泥田に追い込まれて討死してしまうのである。そもそも異なった目的の軍事編成の部隊の偶発的な遭遇なので、このことをもって義貞軍団を時代遅れの古い体質とするのは問題があろう。もちろんこの事態を予想し得ない義貞方の油断を指摘することは出来る。これはまた、義貞の陣頭指揮を好む勇敢な資質によるものであろう。

一騎打への対応

④は近江の合戦の際に、義貞が尊氏に一騎打ちを申し込んだときの尊氏方の対応の中で出てくる。すなわち、尊氏がそれに応じようとしたとき、家臣の上杉重能が必死になって留めて、次のように述べたという。

義貞ソゾロニ深入《フカイリ》シテ、引方《ヒキカタ》ノナサニ能《ヨキ》敵ニヤ遭《アフ》ト、フテ、仕《ツカマツリ》候ヲ、軽々《カロガロ》シク御出アル事ヤ候べキ。思《オモヒ》モ寄《ヨラ》ヌ御事ニ候。（『太平記』）

義貞は、やみくもに深く侵攻しすぎて退く手段がないので、よい敵がないかとふてくされて敵を物色しているので危険だから出てはいけないと、必死に説得している言である。ここで見られる限り尊氏も義貞と同様な一騎打ちの体質を持った人物ということになるし、義貞だけ古い観念の持ち主と強調する必要もないであろう。

当時の人々の評価

その他、退陣の際に民衆のために舟橋を切り落とさなかったことは、義貞が目的のために手段を選ばずという猛悪な武将でなかったことを当時の人々が評価していたことがうかがえる。

結果論としての凡将・愚将観

以上のように、義貞が時代に取り残された凡将・愚将という評価を『太平記』の記述から求めるのは無理で、この評価は藤島における偶発的な事件によって義貞が突然に戦死したという結果論からの結論と言わざるをえない。軍記物語の立場からすれば、堂々とした戦いのなかで壮烈な最期を遂げる、これは記述として筆が踊るものであろうが、義貞の場合は期待に反して偶発的な事件であっけない最期を遂げてしまう。残念だがその死の場面の叙述のやりようがないのである。そこから遡って時代遅れの凡将・愚将との発想をする方法論はいかがなものであろうか。

3 北国管領府構築の夢

越前で目指したもの

比叡山《ひえいざん》から越前に下った義貞が、越前で目指したものが何であったかという点を考察して締めくくりとしたい。先に述べたように、義貞は比叡山における後醍醐天皇の尊氏との和平に反対し、また水面下で進行していた義貞切り捨て策に堀口貞満《ほりぐちさだみつ》を中心に敢然と抗議した。しかしこの時点ですでに、義貞を切り捨て後醍醐天皇と尊氏の和平を結ぶという密約が進行していた。その密約が白日の下にさらされて義貞のクーデター状況となってしまうと、後醍醐天皇は二面政策に転換せざるを得なくなった。義貞らは後醍醐天皇の不実を責め、これを逆手取りして、ぎりぎりの妥協の産物として天皇から恒良《つねよし》・尊良《たかよし》両親王の越前同行を認めさせた。その際、恒良への皇位継承が行われたという『太平記』の記述があるがこれは明らかではない。おそらく京都還幸《かんこう》後の不測の事態（和約の破綻《はたん》、拘禁など）を予想して、表裏の関係で天皇権力を分轄する策が採用されたのではあるまいか。すなわち、表向きは後醍醐が天皇として京都に還幸し北朝との和平に臨み、その一方でいざという場合には天皇として恒良が表舞台に出られるような次善の策を講じたと推定される。これは、戦前に田中義成氏が推定した「北国朝廷」の構想である（『南北朝時代史』）。しかし、この構想は京都での和平の破綻《はたん》後に、後醍醐天皇の吉野《よしの》脱出が成功することによって実現することはなくなった。また、恒良・尊良両親王が京都に赴かないことに尊氏の不審が生じてこれが和約破綻の一原因となったかも知れない。

北国朝廷論の問題点

田中氏は越前で「白鹿《はくろく》」年号がみられることからこれを「北国朝廷」関連のものと推定している。この年号は、①「得江文書《とくえもんじょ》」、②竜安寺本《りょうあんじ》『太平記』奥書、③「天寧寺年《てんねいじ》代記」、などに見られる。①は越前で活動していた南朝方の中院定平《なかのいんさだひら》が、越前の得江九《く》郎《ろう》（頼員《よりかず》）に対して軍忠《ぐんちゅう》を賞して恩賞を予約する内容のもので、「白鹿二年卯月廿日」の年月日が記されている（久保常晴『日本私年号の研究』、『加能史料』南北朝Ⅰ）。②には、「京方貞《じょう》和《わ》元年乙酉《きのととり》、南方白鹿元年と号す、同京方貞和二年丙戌、南方正平に移る」とある。田中氏は、これらは恒良・義貞の北国朝廷を継承して後に下向した宗良《むねよし》親王らの年号使用としている。しかし、この白鹿二年は興国《こうこく》七年（北朝は貞和二年・一三四六）にあたり、義貞や両親王没後一〇年近く経過しており、それらとの関係も明白でなく、「北国朝廷」説を裏付けるものと考えるにはなお証拠不足である。南朝の正平《しょうへい》改元がこの年の十二月八日に行われており、それに先行してその前年から白鹿年号が使用されているようである。これは南朝の正式の改元か、その改元事情の混乱によるものか、あるいは全くの現地の私年号であるのか、今後の検討が必要であろう。

北国管領府

義貞が構想したものは、北国朝廷の樹立といったものでなく、すでに奥州や鎌倉で行われているような管領府《かんれいふ》、すなわち恒良親王を擁して「北国管領府」という地方権力の樹立を目指し、このことについて後醍醐天皇の承認を取り付けていたと解するのが妥当と考える。これは比叡山における天皇と義貞の妥協の産物である。すでに上野や越後は新田与党のゲリラ的な活動はあるものの、そこを基盤とする途は閉ざされていた状況で、弟義助がその基礎を築き、敦賀《つるが》の気比大宮司《けひだいぐうじ》らの南朝与同の宗教勢力も存在し、足利方の弱い環《かん》である越前だけしかその選択の余地はなかったと考えられる。しかしその途も険しく、木ノ芽《きのめ》峠《とうげ》の雪の遭難、金ヶ崎落城による両親王の逝去などが続き、その後は勢力を盛り返しつつあったなかにおいての藤島城攻防戦における不慮の最期によって、「北国管領府」の夢は潰《つい》えたのである。

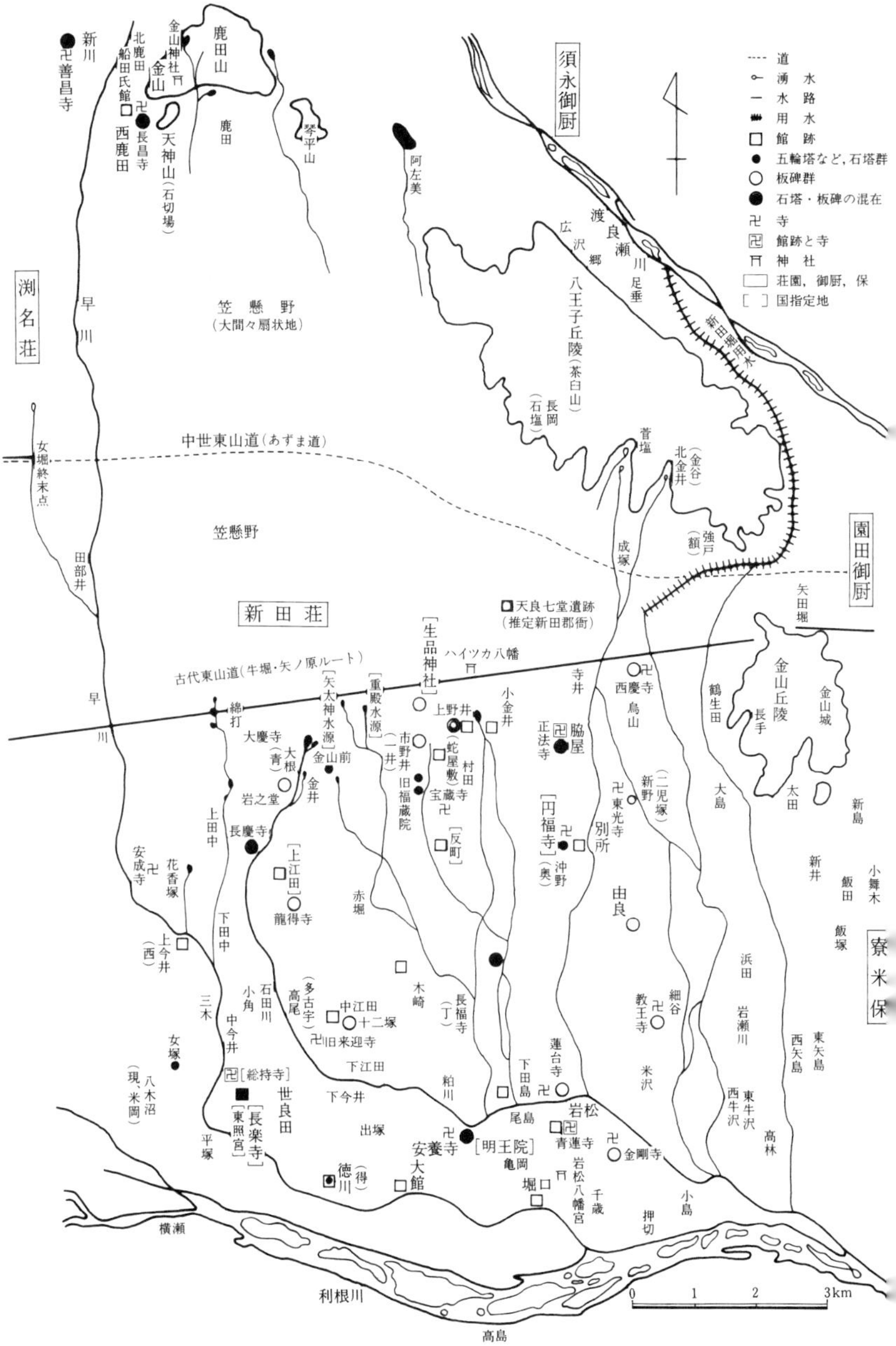
須永御厨
淵名荘
新田荘
園田御厨
寮米保
渡良瀬川
利根川
鹿田山
笠懸野
中世東山道(あずま道)
古代東山道(牛堀・矢ノ原ルート)
天良七堂遺跡(推定新田郡衙)
金山丘陵
金山城
道
湧水
水路
用水
館跡
五輪塔など,石塔群
板碑群
石塔・板碑の混在
寺
館跡と寺
神社
荘園,御厨,保
国指定地
0 1 2 3km

新田荘要図

新田一族系図（尾崎喜左雄編『かみつけより群馬へ』を一部補訂）

●…『吾妻鏡』登場人物

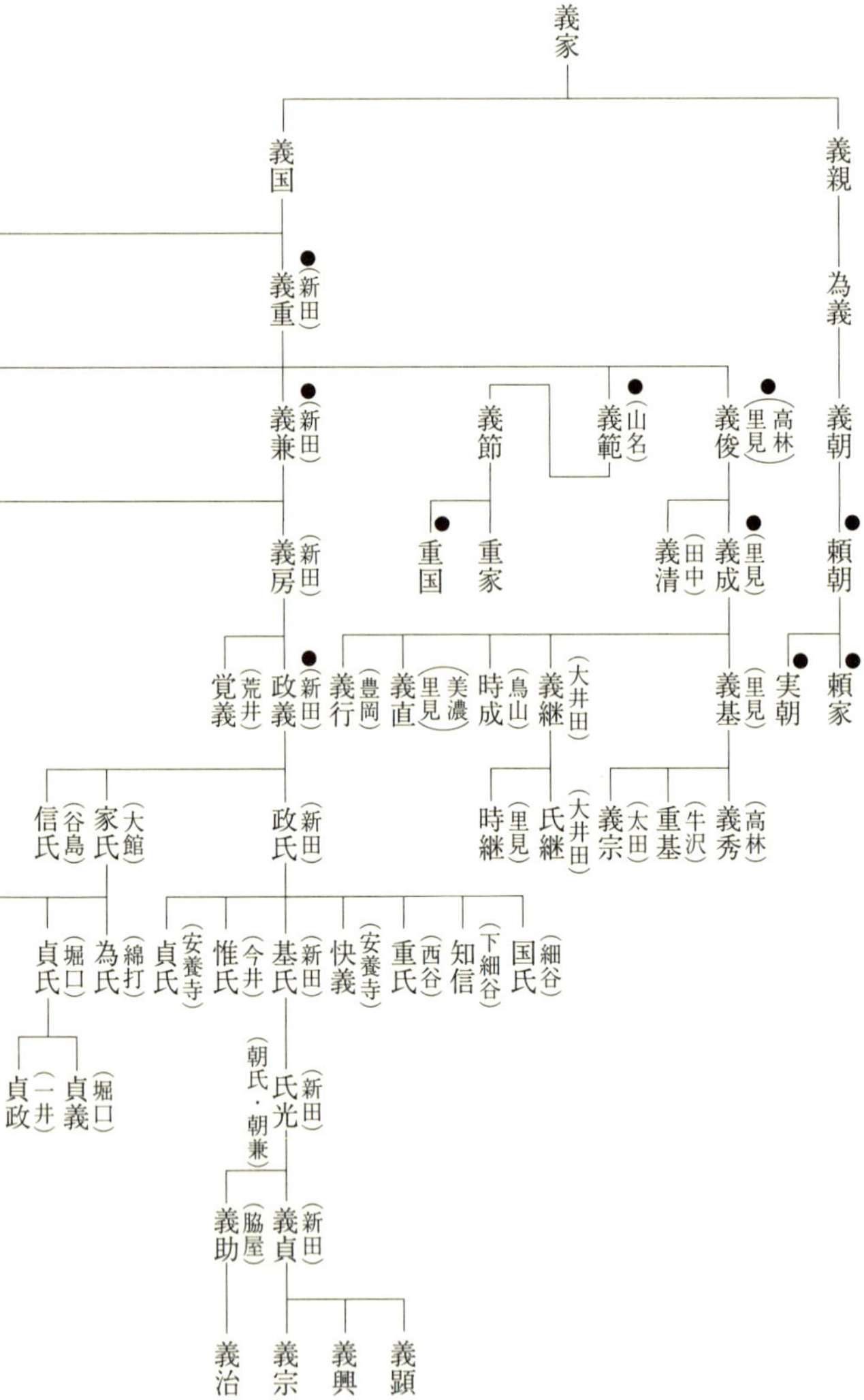

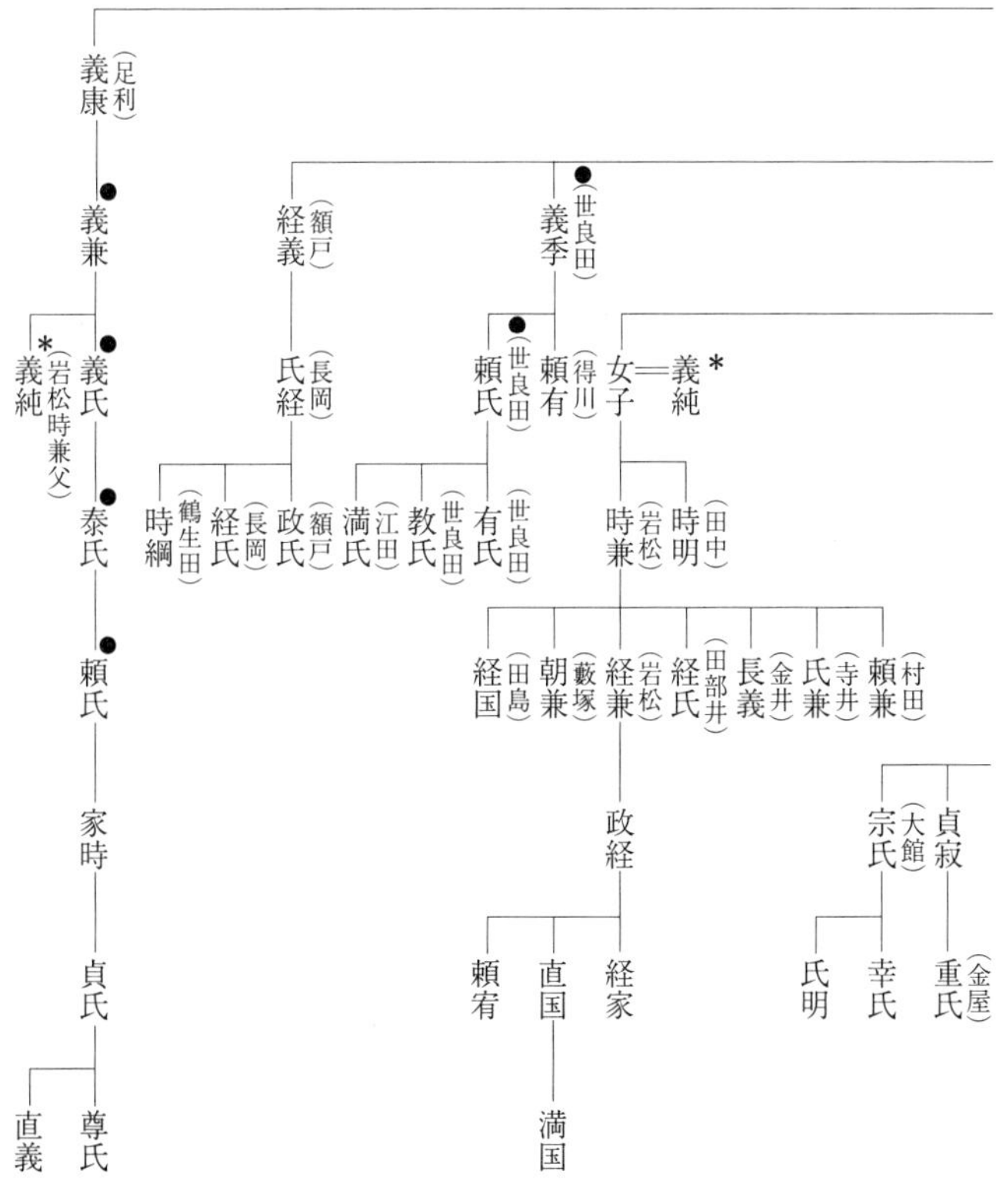
義康（足利）
●義兼
●義氏
*義純（岩松時兼父）
●泰氏
●頼氏
家時
貞氏
尊氏
直義
経義（額戸）
氏経（長岡）
政氏（額戸）
経氏（長岡）
時綱（鶴生田）
●義季（世良田）
●頼氏（世良田）
頼有（得川）
有氏（世良田）
教氏（世良田）
満氏（江田）
女子＝義純*
時兼（岩松）
時明（田中）
頼兼（村田）
氏兼（寺井）
長義（金井）
経氏（田部井）
経兼（岩松）
朝兼（藪塚）
経国（田島）
政経
経家
直国
頼宥
満国
貞寂
宗氏（大館）
重氏（金屋）
幸氏
氏明

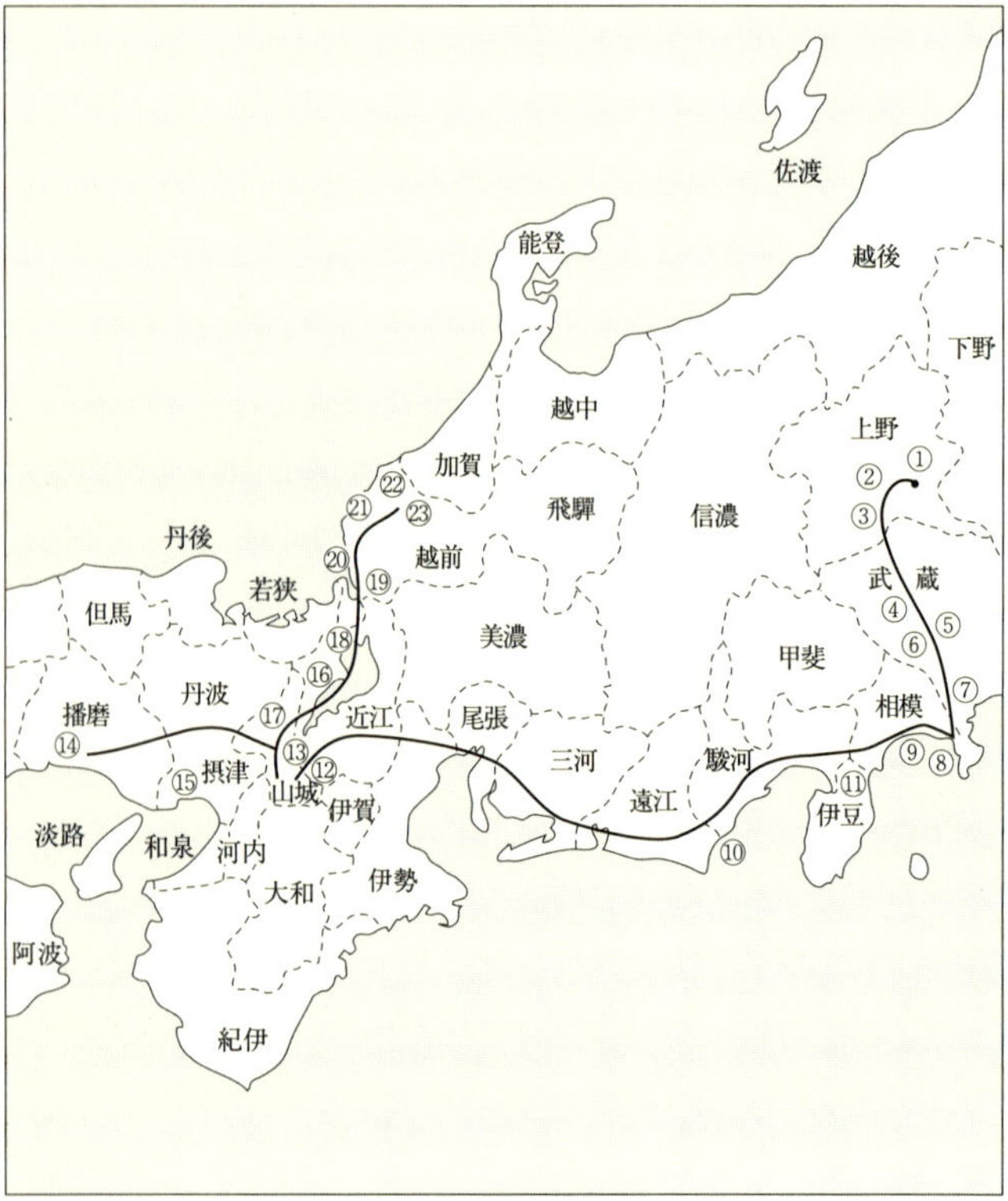

新田義貞の足跡

(○の数字は，略年譜に対応)

略年譜（○数字は「新田義貞の足跡」図に対応）

年次	西暦	年齢	事蹟	参考事項
正安二	一三〇〇	一	義貞、新田朝氏長男として誕生	執権北条貞時
正和三	一三一四	一五	五月二八日、新田朝兼（朝氏）、正和年中火災の長楽寺再建のために所領を売却	
文保二	一三一八	一九	一〇月六日、義貞、長楽寺再建のために、八木沼郷内の所領を売却	二月二六日、後醍醐天皇践祚
元亨二	一三二二	二三	一〇月二七日、岩松政経と大館宗氏の用水相論を幕府裁許	この春、蝦夷合戦起こる
正中元	一三二四	二五	六月一一日、祖父新田基氏死去○一〇月七日、義貞の浜田郷内所領売却を幕府認可する	九月一九日、倒幕計画発覚（正中の変）
嘉暦三	一三二八	二九	一〇月一八日、この頃までに長楽寺の再建成る。長楽寺恵宗は大谷道海に対し、長楽寺造営の功績を賞して寺領内の屋敷を安堵	
元徳元	一三二九	三〇	四月一三日、恵宗は大谷道海に対し、所領の政所職を与える	
二	一三三〇	三一	四月二一日、世良田満義、新田荘小角郷内畠を長楽寺に大谷道海を媒介に寄進○八月二日満義、武	五月二九日、後醍醐天皇逃れ、吉野に入る

元弘元	一三三一	三一	蔵国比企郡将軍沢郷内の在家を長楽寺に寄進○一二月二三日、満義、新田荘小角郷内在家畠を大谷道海を媒介として長楽寺に売寄進 この年義貞、赤城神社に神馬奉納○七月一三日、由良景長妻紀氏、那波郡善養寺内在家田畠を高山重明より買得し、一一月二三日、これを幕府は承認	九月十四日、楠木正成蜂起（元弘の乱）○九月二〇日、光厳天皇践祚
二	一三三二	三二	由良景長妻紀氏、那波郡善養寺内在家・田畠を長楽寺に寄進	
三	一三三三	三三	正月二九日、新田義貞・一族、大番衆として河内楠木正成攻めに参加○閏二月二四日、後醍醐天皇、流された隠岐を脱し伯耆に上陸○三月一一日、義貞河内千早城攻囲陣より倒幕の綸旨を得て帰郷○三月、義貞世良田に入部した幕府有徳銭徴収使二名を捕らえ、一名を斬首○五月七日、足利尊氏、丹波篠村八幡宮に願文を捧げて蜂起し、その日、六波羅を攻め落とす○八日、幕府、新田荘内平塚郷内を長楽寺に寄進。同日、義貞生品明神に挙兵し①、東山道を西進し②、八幡荘にて夜営③○一二日、足利千寿王、世良田に挙兵し（第二次蜂起）義貞軍の後を追う。この日、小手指河	

年号	西暦	年齢	事項	一般事項
			原の合戦④○一三日、久米川の合戦⑤○一五〜一六日、分倍・関戸河原の合戦⑥。一八日、鎌倉包囲、攻撃開始⑦。稲村ヶ崎を突破、侵入したが失敗に終わる（第一次）○二一日、干潮を利用して稲村ヶ崎を渡渉し（第二次）、鎌倉へ突入。鎌倉幕府滅亡⑧。義貞、鎌倉において残党狩り○六月五日、後醍醐天皇、京都に還幸○七月一九日、岩松経家、伊勢国笠間荘など一〇ヵ所の地頭職と飛驒国守護職が宛行われる○二〇日、江田行義、新田荘平塚郷内の地を長楽寺に寄進○七月、この間、義貞は鎌倉において足利氏と勢力争いが発生するが、戦闘を避けて上洛⑨。この頃、参陣の諸氏の軍忠状に証判を与える○八月五日、義貞、従四位に叙せられ、上野・播磨の国司となる○八月、岩松経家・経政、武蔵の熊谷氏や信濃の布施氏に軍忠状、着到状に証判を与える○一〇月〜一一月、義貞、上野・播磨・越後国に対して国宣を発して武士や寺院の所領を安堵	一二月一四日、足利直義、成良親王を奉じて鎌倉に下る（鎌倉将軍府の創設）
建武元	一三三四	三五	二〜三月、義貞、越後・上野国内の武士などに国宣によって当知行を認める○三月二二日、岩松経家、建武政府より播磨国福井荘に知行を認められ	正月二九日、改元

			る○二四日、越前守護堀口貞義、湯浅宗顕の円覚寺領山本荘押領の停止を命ずる○二八日、朝廷、岩松経家の陸奥国千倉荘における新田本阿弥陀仏の違乱停止を命ずる○五月三日、摂津親鑑の下佐貫荘羽祢継を武蔵国の別府幸時に与える○七日、義貞、越後国弥彦神社に太刀を寄進○一二月二一日、妙蓮、岩松直国に新田荘内その他の所領を譲る	八月、二条河原に落書が立つ○一一月一五日、後醍醐天皇、護良親王を鎌倉に流す
二	一三三五	三六	六月一〇日、義貞、了愚を長楽寺住持に補任、次いで一九日大胡郷野中村地頭に補任す○七月一四日、高時子北条時行、信濃に挙兵し鎌倉を目指す（中先代の乱）○二二日、岩松経家、武蔵女影原に防戦して敗死○一〇月末～一一月初、尊氏・義貞互いに相手の誅伐を後醍醐天皇に奏上○一一月二日、足利直義、義貞誅伐の軍勢催促状を各地に発す○八日、足利直義の護良親王殺害の報に朝廷は、義貞に尊氏・直義追討の宣旨を下す（南北朝内乱の開始）○一一月九日、尊氏、武蔵国矢野善久跡を岩松経家跡（直国）の代官に打ち渡す○一九日、義貞、尊氏・直義追討のため、鎌倉へ向かう○二日、尊氏・直義追討の綸旨が発せられる○一二月	

			五日、義貞、手越河原で足利直義と戦う⑩○一一日、箱根竹ノ下で尊氏と戦う⑪○一二日、尊氏・直義軍に敗れ京都に帰還	
三（延元元）	一三三六	三七	正月一日、足利方京都に迫り、千種忠顕・名和長年・結城親光らは瀬田で足利軍と交戦○七日、楠木正成、宇治で足利軍と交戦○八日、義貞は大渡⑫、義助は山崎を守り合戦。尊氏は八幡山下より攻撃を開始。細川定禅、中国・四国勢を率いて尊氏軍に加わる。義貞・義助、京都に退く○一〇日、天皇、京都を脱して東坂本に赴く。義貞・義助ら随従○一三日、大館幸氏、近江観音寺城を攻め落とす際に戦死○一四日、奥州北畠顕家、大軍を率いて東坂本に到着○一六日、義貞・顕家、足利方の園城寺を攻撃。尊氏は細川定禅に救援させたが園城寺は落ちる。義貞は足利方と戦い、鹿ケ谷に退く。義貞の家臣船田義昌・大館左近蔵人・由良左衛門尉ら討死○二七日、義貞ら、山を下り京都を襲撃⑬、賀茂河原に尊氏・直義軍を撃破し、これを桂川方面に追うが、細川定禅の反撃で撤退○二八日、義貞ら、再び攻撃し、糺河原の戦いで勝利。尊氏、丹波に敗走し、天皇は京都に帰	正月一一日、尊氏入京、洞院公賢邸に入る○二月一日、尊氏、丹波篠村に陣を張る○三日、尊氏、丹波より兵庫に至り、持明院に政治工作を行い、院宣を要請○二九日、南朝、延元と改元

還○二月八日、義貞は、近江国摩耶城に立て籠る尊氏与同勢力に攻撃を命ずる○一一日、義貞ら、豊島河原に尊氏を破り、兵庫に敗走させる○一二日、尊氏は、大友氏の船で九州に下る。途中室泊で、光厳院より義貞追討の院宣を得て諸国に軍勢動員令を発する。この時、軍議を開き、中国・四国地方の武将の配置を決定する（室泊の軍議）○一九日、義貞、吉河辰熊に軍勢催促状を発する○三月、この頃、義貞は勾当内侍（世尊寺経伊女）を溺愛し、中国地方の出陣が遅延。また瘧病を患い、代って江田行義・大館氏明が出陣○三〇日、義貞、播磨に出陣し、赤松則村の白旗城を囲み⑭、新田方の中国経略進展○四月、この月、武者所の結番が定められ、新田義顕・義治、堀口貞政・貞義、江田行義ら補任○二日、義貞、播磨国一宮（伊和大明神）に、天下泰平・朝敵滅亡などの祈願のため、神戸郷郷司職を寄進○五月五日、尊氏、備後の鞆に着く○一〇日、尊氏は水軍を率い、直義は陸上を、同時に進発○一八日、直義軍は、大井田氏経の備中福山城を攻め落とす。これより、義貞は白旗城、義助は三石城の包囲を解い

三月三日、肥後の菊池武敏、尊氏と多々良浜に戦い敗れる○一〇日、義良親王、陸奥太守となり、北畠顕家と共に陸奥に下る

四月三日、白旗城などの危急の報を受け、尊氏、博多を発し東上

五月二九日、足利方仁木頼章・今川頼貞入京する。続いて足利直義入京

			て撤退○二五日、義貞・正成、兵庫に尊氏軍を迎え撃つ⑮。義貞は和田岬、正成は湊川に陣。正成は戦死し、義貞は西宮に戦い敗れて京都に退く○二七日、天皇、比叡山に逃れ、新田氏ら護衛する⑯○六月五日、足利軍は比叡山を攻め、千種忠顕戦死。義貞・義助奮戦して足利軍を撃退。以後、西坂本の戦闘続く○二三日〜三〇日、天皇方、京都に出撃し、細川方を破るが、東寺付近の戦闘で敗退し、義貞重囲を脱す。名和長年戦死○八月二三〜二八日、天皇方、宇治・賀茂に出陣し敗れる⑰。天皇方の拠点阿弥陀峯陥落する○一〇月一〇日、尊氏の和平工作により、後醍醐天皇、比叡山から京都への還幸を企て、堀口貞政の阻止にあう。天皇と義貞は方針を調整し、天皇は京都に還幸。義貞・義助ら恒良親王を奉じて越前に下る⑱○一〇月一一日、義貞軍は越前木ノ芽峠で雪中遭難、多くの凍死者を出す⑲○一〇月一三日、義貞、気比大宮司氏治に迎えられて金ヶ崎城に入る⑳	六月三日、尊氏、八幡に陣して光厳院・豊仁親王を迎え、二人を奉じて入京
四（延元二）	一三三七	三八	正月一一日、脇屋義治・里見時成、包囲された金ヶ崎城救援のため敦賀へ向かうが、高師泰軍に敗	

暦応元 （延元三）	一三三八	三九	れる○三月五日、義貞・義助は金ヶ崎城を脱出し杣山城に入る㉑○六日、金ヶ崎城落城、恒良親王捕らえられ、尊良親王・新田義顕は討死○一四日義貞、南保重貞に軍勢催促状を発す○一一月二日、高師直、尊氏の命により義貞遺領と考えられる上野国八幡荘などを上野守護上杉憲顕に与える○一二月一三日、上洛を企てる北畠顕家軍、利根川で上杉憲顕軍を破る○二八日、顕家・新田義興鎌倉を攻略 二月、義貞、越前国府を攻略㉒○二〇日、岩松頼有、伊予国大祝に同国への下向を伝え、戦勝祈願を依頼○閏七月二日、義貞、藤島城を赴援の途中、灯明寺畷で斯波高経軍との遭遇し戦死㉓○一一日、義助越前国府中に入る○九月六日、尊氏、義貞遺領新田荘平塚郷地頭職を長楽寺に寄進	一一月七日、尊氏、建武式目制定（室町幕府の成立） 一二月二一日、後醍醐天皇、吉野へ移る（南北朝分立） 五月二二日、北畠顕家、和泉堺浦で討死○八月一一日、北朝、尊氏を征夷大将軍に補任○一六日、後醍醐天皇病没○二五日、北朝、暦応と改元

〔注〕新田義貞の年齢は、没年齢を三十九歳として算定している。安養寺明王院の供養板碑に弟義助の没年が康永元年（一三四二）四十二歳とあり、暦応元年（一三三八）には三十八歳と推定され、その一歳上の兄であることから算定される。

参考文献

赤沢計真『越後新田氏の研究』高志書院 二〇〇一年
磯貝富士男「海退と軍事史―新田義貞軍の鎌倉攻めとパリア海退―」『中世の農業と気候』吉川弘文館 二〇〇二年
伊藤喜良『南北朝の動乱』（『日本の歴史』八）集英社 一九九二年
伊藤喜良『後醍醐天皇と建武政権』新日本出版社 一九九九年
上横手雅敬「新田義貞」長積安明・上横手雅敬・桜井好朗編『太平記の世界』日本放送出版協会 一九八七年
太田市『太田市史』通史編中世 太田市 一九九七年
小此木輝之『中世寺院と関東武士』青史出版 二〇〇二年
小国浩寿「上総守護と世良田義政事件」『鎌倉府体制と東国』吉川弘文館 一九九五年
尾崎喜左雄『上野国長楽寺の研究』尾崎先生著書刊行会 一九八四年
尾島町教育委員会『新田荘尾島町の仏像―尾島町仏像・神像調査報告書』二〇〇四年
尾島町誌専門委員会『尾島町誌』通史編上巻 尾島町 一九九三年
網野善彦編『南北朝の内乱』（『シンポジウム日本の歴史』八）学生社 一九七四年

海津一朗「新田義貞の蜂起」（佐藤和彦編『南北朝の内乱』〈戦乱の日本史五〉 第一法規 一九八八年
海津一朗『中世の変革と徳政―神領興行法の研究―』 吉川弘文館 一九九四年
海津一朗『楠木正成と悪党』 筑摩書房 一九九九年
筧雅博『蒙古襲来と徳政令』（『日本の歴史』一〇） 講談社 二〇〇一年
笠懸野岩宿文化資料館『笠懸野―合戦と武技―』（第三八回企画展 展示図録） 二〇〇四年
勝守すみ「新田氏の所領について―特に宗家領と庶子家領の関係について―」
『群馬大学教育学部紀要人文科学編』三巻一号 一九五四年
鎌倉佐保「浅間山大噴火と中世荘園の成立」
浅野晴樹・斎藤慎一編『中世東国の世界』1北関東 高志書院 二〇〇三年
久保田順一『新田一族の盛衰』 あかぎ出版 二〇〇三年
久保田順一「長楽寺建立・再建と新田一族」『ぐんま史料研究』二二号 二〇〇四年
黒田俊雄『蒙古襲来』（『日本の歴史』八） 中央公論社 一九六五年
群馬県史編さん委員会『群馬県史』資料編中世一・二・三、通史編三・中世
群馬県 一九七九・八四～八九年
斎藤慎一「鎌倉街道上道と北関東」
浅野晴樹・斎藤慎一編『中世東国の世界』1北関東 高志書院 二〇〇三年

佐藤和彦『南北朝内乱』(『日本の歴史』一一) 小学館 一九七四年
佐藤和彦「北国に散った南朝疾風の将—新田義貞の挙兵と戦乱の生涯—」『日本史の舞台』四 集英社 一九八二年
佐藤和彦『太平記の世界』 新人物往来社 一九九〇年
佐藤和彦編『南北朝の内乱』(『戦乱の日本史』五) 第一法規 一九八八年
佐藤和彦・小林一岳編『南北朝内乱』(『展望日本歴史』一〇) 東京堂出版 二〇〇〇年
佐藤進一『南北朝の動乱』(『日本の歴史』九) 中央公論社 一九六五年
佐藤進一『室町幕府守護制度の研究』上 東京大学出版会 一九六七年
佐藤博信「上杉氏家臣に関する一考察—特に紀五氏の場合—」『古文書研究』三〇号 一九八九年
鈴木かほる「三浦介入道時継は大谷四郎道海なのか」『三浦一族研究』五号 二〇〇一年
須藤聡「奥州周辺地域の武士団形成—下野国を中心に—」『群馬歴史民俗』二三号 二〇〇二年
高橋昌明『武士の成立 武士像の創出』 東京大学出版会 一九九九年
高柳光寿『足利尊氏』 春秋社 一九六六年
田中大喜「『得宗専制』と東国御家人—新田義貞挙兵前史—」『地方史研究』二九四号 二〇〇一年

田中義成『南北朝時代史』一九二二年
谷垣伊太雄「義貞の死をめぐって―『太平記』巻二十の構成と展開―」『樟蔭国文学』三九号 二〇〇一年
千々和実編『新田義貞公根本史料』群馬県教育会 一九四二年
中西達治「正成と義貞」『太平記の世界』汲古書院 二〇〇〇年
永原慶二『内乱と民衆の世紀』(『体系日本の歴史』六) 小学館 一九八八年
新田一郎『太平記の時代』(『日本の歴史』一一) 講談社 二〇〇一年
新田町誌刊行委員会『新田荘と新田氏』(『新田町誌』四巻特集編) 新田町 一九八一年
長谷川端「新田義貞」『太平記の研究』汲古書院 一九八二年
長谷川端「後醍醐・正成・尊氏・義貞―『太平記』の主役たち―」『国文学』三六巻二〇号 一九九一年
藤田精一『新田氏研究』藤島神社 一九三八年
兵藤裕己『太平記よみの可能性―歴史という物語―』講談社 一九九五年
本郷和人「新田義貞麾下の一部将と室町幕府のある右筆について」『東京大学史料編纂所研究紀要』八号 一九九八年
松尾剛次『太平記―鎮魂と救済の史書―』中央公論新社 二〇〇一年
峰岸純夫『中世の東国―地域と権力―』東京大学出版会 一九七九年

峰岸純夫「元弘三年五月、上野国新田荘における二つの倒幕蜂起」
小川信先生の古稀記念論文集を刊行する会編『日本中世政治社会の研究』
続群書類従完成会　一九九一年
峰岸純夫『新田荘と新田義貞』（講演録）　新田町　二〇〇二年
宮次男・佐藤和彦編『太平記絵巻』　河出書房新社　一九九二年
村井章介編『南北朝の動乱』（『日本の時代史』一〇）　吉川弘文館　二〇〇三年
村石正行「長楽寺救済運動と売寄進―買得即時寄進型売寄進の一例―」
『年報三田中世史研究』三号　一九九六年
村石正行「寺尾氏の遺した文書一通」『信濃』五六巻九号　二〇〇四年
山下宏明「太平記と女性」（新潮日本古典集成『太平記』三解説）　新潮社　一九八三年
簗瀬大輔「新田荘の国境河川地域」『群馬文化』二七七号　二〇〇四年
吉井功児『建武政権期の国司と守護』　トーキ　二〇〇〇年
若尾政希『「太平記読み」の時代』　平凡社　一九九九年

著者略歴

一九三二年生まれ
一九六一年慶応義塾大学大学院修士課程修了
現在　東京都立大学名誉教授、国学院大学大学院講師、文学博士

主要著書
中世の東国　中世　災害・戦乱の社会史

人物叢書　新装版

新田義貞

二〇〇五年(平成十七)五月十日　第一版第一刷発行

著　者　峰《みね》岸《ぎし》純《すみ》夫《お》
編集者　日本歴史学会
代表者　平野邦雄
発行者　林　英男
発行所　株式会社　吉川弘文館
東京都文京区本郷七丁目二番八号
郵便番号一一三―〇〇三三
電話〇三―三八一三―九一五一〈代表〉
振替口座〇〇一〇〇―五―二四四
http://www.yoshikawa-k.co.jp/
印刷＝株式会社　平文社
製本＝ナショナル製本協同組合

ISBN4-642-05232-1

『人物叢書』（新装版）刊行のことば

人物叢書は、個人が埋没された歴史書が盛行した時代に、「歴史を動かすものは人間である。個人の伝記が明らかにされないで、歴史の叙述は完全であり得ない」という信念のもとに、専門学者に執筆を依頼し、日本歴史学会が編集し、吉川弘文館が刊行した一大伝記集である。

幸いに読書界の支持を得て、百冊刊行の折には菊池寛賞を授けられる栄誉に浴した。

しかし発行以来すでに四半世紀を経過し、長期品切れ本が増加し、読書界の要望にそい得ない状態にもなったので、この際既刊本の体裁を一新して再編成し、定期的に配本できるような方策をとることにした。既刊本は一八四冊であるが、まだ未完である重要人物の伝記についても鋭意刊行を進める方針であり、その体裁も新形式をとることとした。

こうして刊行当初の精神に思いを致し、人物叢書を蘇らせようとするのが、今回の企図である。大方のご支援を得ることができれば幸せである。

昭和六十年五月

日本歴史学会

代表者　坂本太郎

藤原定家　村山修一著
北条泰時　上横手雅敬著
道元（新稿版）　竹内道雄著
親鸞　赤松俊秀著
日蓮　大野達之助著
北条時宗　川添昭二著
一遍　大橋俊雄著
叡尊・忍性　和島芳男著
金沢貞顕　永井晋著
菊池氏三代　杉本尚雄著
新田義貞　峰岸純夫著
花園天皇　岩橋小弥太著
赤松円心・満祐　高坂好著
卜部兼好　冨倉徳次郎著
覚如　重松明久著
足利直冬　瀬野精一郎著
佐々木導誉　森茂暁著
細川頼之　小川信著
足利義満　臼井信義著
今川了俊　川添昭二著

上杉憲実　田辺久子著
一条兼良　永島福太郎著
蓮如　笠原一男著
宗祇　奥田勲著
万里集九　中川徳之助著
三条西実隆　芳賀幸四郎著
大内義隆　福尾猛市郎著
ザヴィエル　吉田小五郎著
三好長慶　長江正一著
武田信玄　奥野高広著
朝倉義景　水藤真著
明智光秀　高柳光寿著
大友宗麟　外山幹夫著
千利休　芳賀幸四郎著
足利義昭　奥野高広著
前田利家　岩沢愿彦著
長宗我部元親　山本大著
安国寺恵瓊　河合正治著
石田三成　今井林太郎著
真田昌幸　柴辻俊六著

高山右近　海老沢有道著
島井宗室　田中健夫著
淀君　桑田忠親著
片桐且元　曽根勇二著
藤原惺窩　太田青丘著
支倉常長　五野井隆史著
伊達政宗　小林清治著
天草時貞　岡田章雄著
立花宗茂　中野等著
佐倉惣五郎　児玉幸多著
小堀遠州　森蘊著
徳川家光　藤井讓治著
由比正雪　進士慶幹著
林羅山　堀勇雄著
国姓爺　石原道博著
野中兼山　横川末吉著
隠元　平久保章著
酒井忠清　福田千鶴著
朱舜水　石原道博著
池田光政　谷口澄夫著

山鹿素行　堀勇雄著
井原西鶴　森銑三著
松尾芭蕉　阿部喜三男著
三井高利　中田易直著
河村瑞賢　古田良一著
契沖　久松潜一著
市川団十郎　西山松之助著
伊藤仁斎　石田一良著
徳川綱吉　塚本学著
貝原益軒　井上忠著
前田綱紀　若林喜三郎著
近松門左衛門　河竹繁俊著
新井白石　宮崎道生著
鴻池善右衛門　宮本又次著
石田梅岩　柴田実著
太宰春台　武部善人著
徳川吉宗　辻達也著
賀茂真淵　三枝康高著
平賀源内　城福勇著
与謝蕪村　田中善信著

三浦梅園　田口正治著
毛利重就　小川國治著
本居宣長　城福勇著
山村才助　鮎沢信太郎著
木内石亭　斎藤忠著
小石元俊　山本四郎著
山東京伝　小池藤五郎著
杉田玄白　片桐一男著
塙保己一　太田善麿著
上杉鷹山　横山昭男著
大田南畝　浜田義一郎著
小林一茶　小林計一郎著
大黒屋光太夫　亀井高孝著
島津重豪　芳即正著
狩谷棭斎　梅谷文夫著
最上徳内　島谷良吉著
渡辺崋山　佐藤昌介著
柳亭種彦　伊狩章著
香川景樹　兼清正徳著
平田篤胤　田原嗣郎著

間宮林蔵　洞富雄著
滝沢馬琴　麻生磯次著
調所広郷　芳即正著
橘守部　鈴木暎一著
黒住宗忠　原敬吾著
水野忠邦　北島正元著
帆足万里　帆足図南次著
江川坦庵　仲田正之著
藤田東湖　鈴木暎一著
広瀬淡窓　井上義巳著
大原幽学　中井信彦著
島津斉彬　芳即正著
月照　友松圓諦著
橋本左内　山口宗之著
井伊直弼　吉田常吉著
吉田東洋　平尾道雄著
佐久間象山　大平喜間多著
真木和泉　山口宗之著
高島秋帆　有馬成甫著
シーボルト　板沢武雄著

高杉晋作　梅溪　昇著
川路聖謨　川田貞夫著
横井小楠　圭室諦成著
山内容堂　平尾道雄著
江藤新平　杉谷　昭著
和　宮　武部敏夫著
西郷隆盛　田中惣五郎著
ハリス　坂田精一著
森　有礼　犬塚孝明著
松平春嶽　川端太平著
中村敬宇　高橋昌郎著
河竹黙阿弥　河竹繁俊著
寺島宗則　犬塚孝明著
樋口一葉　塩田良平著
ジョセフ＝ヒコ　近盛晴嘉著
勝　海舟　石井　孝著
臥雲辰致　村瀬正章著
黒田清隆　井黒弥太郎著
伊藤圭介　杉本　勲著
福沢諭吉　会田倉吉著

星　亨　中村菊男著
中江兆民　飛鳥井雅道著
西村茂樹　高橋昌郎著
正岡子規　久保田正文著
清沢満之　吉田久一著
滝　廉太郎　小長久子著
田口卯吉　田口　親著
福地桜痴　柳田　泉著
児島惟謙　田畑　忍著
荒井郁之助　原田　朗著
幸徳秋水　西尾陽太郎著
ヘボン　高谷道男著
乃木希典　松下芳男著
石川啄木　岩城之徳著
岡倉天心　斎藤隆三著
加藤弘之　田畑　忍著
山路愛山　坂本多加雄著
伊沢修二　上沼八郎著
秋山真之　田中宏巳著
前島　密　山口　修著

成瀬仁蔵　中嶌　邦著
前田正名　祖田　修著
大隈重信　中村尚美著
山県有朋　藤村道生著
大井憲太郎　平野義太郎著
富岡鉄斎　小高根太郎著
津田梅子　山崎孝子著
豊田佐吉　楫西光速著
渋沢栄一　土屋喬雄著
有馬四郎助　三吉　明著
武藤山治　入交好脩著
坪内逍遙　大村弘毅著
山室軍平　三吉　明著
南方熊楠　笠井　清著
中野正剛　猪俣敬太郎著
河上　肇　住谷悦治著
御木本幸吉　大林日出雄著
尾崎行雄　伊佐秀雄著
緒方竹虎　栗田直樹著
▽以下続刊